칵테일 테크닉

KAITEIZOHO COCKTAIL TECHNIC by Kazuo Ueda
© Kazuo Ueda,2010.
All rights reserved.
No part of this book may be reproduced in any form without the written permission of the publisher.
Originally published in Japan in 2010 by SHIBATA PUBLISHING CO., LTD., Tokyo
This Korean edition is published by arrangement with SHIBATA PUBLISHING CO., LTD., Tokyo
in care of Tuttle-Mori Agency, Inc., Tokyo through ENTERS KOREA CO., LTD. Seoul.

이 책의 한국어판 저작권은 (주)엔터스코리아를 통해 저작권자와 독점 계약한 예문당에 있습니다.
저작권법에 의하여 한국 내에서 보호를 받는 저작물이므로 무단전재와 무단복제를 금합니다.

칵테일 테크닉

TENDER

우에다 카즈오 지음 | 양광진 옮김

예문당

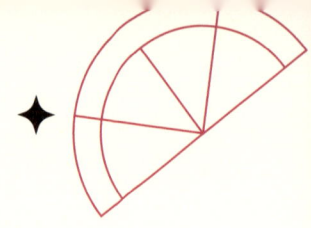

시작에 앞서

세계 제2차 대전 이후 칵테일은 서양의 문화로서 일본에 급속도로 침투했고, 도쿄 올림픽이 열린 쇼와 39년(1964년)을 기점으로 약 20년간 칵테일 붐이 이어졌다. 당시에는 각 가정에서도 셰이커를 흔드는 모습이 보일 정도로 여기저기에서 칵테일을 즐기고 있었다.

칵테일은 육감의 모든 것을 구사하는 순간의 예술이라고까지 일컬어지며 무한의 가능성을 간직하고 있다. 이런 칵테일이 일본에 뿌리내리게 되면서 일본 특유의 스타일이 형성되는 데는 그리 긴 시간이 걸리지 않았다. 섬세한 미각과 꼼꼼함, 맛에 대한 취향과 스타일, 국민성, 기질, 풍토 등의 영향으로 맛과 기술 면이 극에 달하여 독자적인 방식을 형성하게 되었다. 그리고 그 퀄리티는 조금씩 그러나 확실하게 상향되어 갔다.

근 20년간 일본 바텐더의 실력은 현격히 향상되어 세계 칵테일 콩쿠르에서 우승하는 바텐더가 속출하고 있다. 어떻게 하면 조금이라도 더 맛있는 칵테일을 제공해서 손님을 기쁘게 할 수 있는지 고민하고, 그런 노력들이 손님에게 감동과 즐거움을 줄 수 있다고 생각하는 바텐더가 많아진 것도 하나의 요인일지도 모르겠다.

칵테일이 도래한 지 오랜 세월이 지난 지금, 이제는 일본의 칵테일 기술을 해외에 소개하는 시대가 왔다. '하드 셰이크'가 하나의 예이다.

나의 하드 셰이크가 해외 바텐더들의 눈에 띈 이후 미국, 러시아 등 각국에서 세미나 요청이 날아들고 있다. 2009년 8월에는 뉴욕타임스에도 하드 셰이크가 소개되었다.

또한 지금으로부터 10여 년 전 출간한 이 책의 전신인 『칵테일 테크닉』이 바텐더를 위한 기술서로써 영어로 번역되어 전미 발행을 앞두고 있다. 서양의 문화로 전해진 칵테일 기술을 역으로 일본에서부터 소개하게 된 것은 그야말로 격세지감이다. 그리하여 10년이 지나 새로운 세대에 칵테일 기술을 널리 알리기 위해 개정판 『칵테일 테크닉』을 다시금 출간하게 되었다.

하드 셰이크의 기술과 마음가짐 등은 전작과 같으나 1년에 한 작품씩 제작한 오리지널 칵테일군인 텐더 시리즈를 새롭게 수록하였다. 본래의 하드 셰이크 방식과 겉으로 드러나는 결과에 있어서 차이가 있다 보니 그 진정한 의미는 10년이 지난 지금도 아직 전해지지 않은 듯한 느낌이 든다.

이 책을 다시금 읽고 하드 셰이크는 무엇인가를 포함한 칵테일 메이킹에 있어서의 마음의 중요성을 특히 느끼게 된다면 감사하겠다. 바텐더로서 우선 만드는 즐거움을 확실히 터득할 것, 그리고 건강에 유의하여 겸손하게 노력하는 것부터 시작하자. 그것이 이 책의 첫걸음이다.

2010년 3월

우에다 카즈오

---

* 이 글은 2010년 『칵테일 테크닉』 개정판을 출간하며 작성한 내용이다.

번역자의 말

이 책이 처음 세상에 나온 것은 지금으로부터 무려 24년 전인 2000년이다. 영문 번역본이 미국에서 출판된 지도 14년이나 지났다. 첫 출간 시점부터 지금까지 돌이켜보면 그간 이 업계는 많은 발전이 있었고, 그 흐름은 여전히 이어지고 있다. 재료의 확장, 기법과 도구의 확대, 클리어 아이스의 사용, 특이한 글라스와 연출 방식, 바 역사에 관한 탐구와 그에 따른 여러 출간물 등으로 인해 비단 한국뿐만 아니라 세계적으로도 바 산업은 점점 그 크기를 늘려가는 중이다. 이런 질적, 양적인 팽창의 흐름에 지대한 영향을 미친 이 책을 한국어로 번역할 수 있게 되어 감개무량할 따름이다.

책을 읽으면서 염두에 둘 사항이 몇 가지 있다.

- 이 책의 첫 출간은 2000년 7월이다. 본문 내용의 '최근', '현재' 등의 시기를 나타내는 단어들은 출간 시기를 기준으로 생각해야 한다. 다만, '시작에 앞서'는 초판 발행 후 개정판이 나올 때 추가된 부분이므로 2010년이 기준이다. 본문의 개별 칵테일에 대한 설명은 잡지에 기고된 콘텐츠를 모아 편집한 부분도 있으므로 집필 시점에 차이가 있을 수 있다.

참고로 2000년 당시 대한민국은 플레어 바가 주류였으며, 그 분야에서 세계 최고 수준의 플레이를 했으나 유통되는 재료의 종류는 매우 한정적이었다. 클리어 아이스는 물론이고 라임조차 쉽게 찾아볼 수 없었고, 당시 유통되던 싱글몰트 위스키는 글렌피딕이 유일했다. 일본은 1950년대 중반부터 미국 바텐딩을 받아들여 현재까지도 클래식 스타일이 주를 이루고 있으며, 유통되는 술의 종류도 많고, 클리어 아이스의 사용이 당연시되는 환경이다.

- 미국의 바 역사를 집대성한 『임바이브』(데이비드 원드리치 저, 2007)』 출판을 위시하여 과거의 자료를 찾아내는 노력이 활발해졌고, 우리는 제리 토마스와 해리 크래독, 사샤 페트라스케와 데일 데그로프 등 여러 위대한 발자취를 남긴 바텐더들에 대해 알 수 있게 되었다. 다만 이것은 이 『칵테일 테크닉』이 출간된 지 몇 년 후의 이야기이고, 인터넷도 없던 1950년대부터 책이나 구두로 일본에 전해진 미국의 바 역사는 지금 우리가 알고 있는 것과는 조금 다른 부분이 있을 수 있다. 예를 들어, 진피즈의 기원에 대해 찾아본 바로는 1884년 『모던 바텐더즈 가이드』에 실린 것이 현시점에서 가장 오래된 기록이다. 이것 역시 다른 기록이 발견되면 바뀔 수 있는 내용이다.

- 하드 셰이크가 있기 이전의 일본에서는 물맛이 나는 것을 피하고자 소프트하게 셰이킹 하는 것이 일반적이었고, 더블 스트레이너로 아이스 플레이크를 걸러내는 것은 상식으로 여겨졌다. 우에다 카즈오 스승님이 하드 셰이킹으로 명성을 얻은 80년대 이후 이 스타일의 유행으로 인해 강한 셰이킹과 칵테일 위에 뜬 아이스 플레이크에 대한 거부감이 없어졌지만, 당시에는 상식에 맞지 않는다는 반발도 많았다. 이러한 의미에서 본문의 셰이킹에 대한 설명 중 '강하게 흔든다'는 표현은 그때의 일반적인 소프트 셰이킹보다 강함을 의미하는 것이지 결코 있는 힘껏 강하게 셰이크 하라는 뜻이 아니다.

- 하드 셰이크는 초기 형태가 갖추어진 이후로도 계속 변화해 왔고, 이 책이 나온 이후로도 눈으로 보기에 디테일한 동작들은 조금씩 달라져 왔지만, 시대를 관통하는 본질적인 부분은 책의 내용 그대로이다.

- 칵테일 테크닉에 관한 설명이 다른 칵테일 관련 서적에 비해 상당히 많은 편임에도 불구하고 문장이 함축적으로 표현되어 있다. 예를 들어 본문의 셰이크에 관한 설명 중 '셰이커의 내부를 효율적으로 사용하여'라는 표현이 있는데, 나는 각도를 주어 파지한 셰이커의 내부 벽면에 원심력을

받은 액체와 얼음이 밀착되어 미끄러지듯이 움직이는 면적을 더욱 넓게 사용하라는 의미로 받아들이고 있다. 이처럼 본문이 의미하는 내용들을 천천히 정확하게 곱씹으면서 읽고 실행하면 또 다른 의미로 다가오는 부분을 찾을 수 있으리라 생각한다.

- 본문에는 '허리 힘이 강하다'라는 표현이 자주 등장한다. 한국어로 번역하기에 마땅한 단어가 없었기에 원문 그대로 표기했으며, '탄성이 있어서 물리력을 가하더라도 특징을 잃지 않고 되돌아오는 힘이 강하다'라는 의미로 받아들이면 된다.

- 번역서이기에 표현 방식이나 용어가 한국 사정과 다른 부분이 분명히 존재한다. 스탠더드 칵테일은 우리가 흔히 얘기하는 클래식 칵테일에 근접한 표현이며, 오리지널 칵테일은 우에다 스승님의 창작 칵테일을 지칭한다. 개인적인 의견이지만 한국은 물론 영미권에서도 창작 칵테일을 흔히 시그니처 칵테일이라 부르고 있으나 이 둘 사이에는 의미 차이가 조금 있다고 생각한다.

- 얼음을 지칭하는 용어가 마땅하지 않아 직역에 가깝게 '쪼갠 얼음'이라 번역했다. 보통은 큰 블록 아이스를 아이스

픽 등을 이용해 적당한 크기로 재단한 얼음을 말하며, 미국에서는 때때로 청크 또는 럼프 아이스라 표현하고 있으나 한국에서 잘 사용하지 않는 용어이기에 채용하지 않았다. 또한 제빙기 얼음은 '큐브 아이스'로 표현하고 있다. 우리나라에서 흔히 사용되는 얼음 전문점에서 생산된 큐브 아이스와 혼동될 수 있으니 주의가 필요하다.

마지막으로, 이 책이 출간되는 데 가장 큰 힘이 되어주신 우에다 카즈오 스승님, 예문당 관계자분들, 표지 사진을 담당해 준 친구 비크롭, 서울 텐더 스태프와 내 가족들에게 지면을 빌어 감사의 말씀을 전한다.

바텐더는 물론, 바 애호가와 이제 막 칵테일에 관심을 가지기 시작한 일반 소비자에게 소위 '거장'이라 불리는 전설적인 바텐더의 세계관을 보여주는 좋은 가이드가 될 수 있는 책이라 생각한다. 부디 즐겁게 읽어주길 바란다.

2023년 겨울
양광진

목차

시작에 앞서 004
번역자의 말 006

칵테일 만들기의 기본

Welcome to the Cocktail World

맛있는 칵테일을 만드는 방법
칵테일에는 마음의 언어가 있다 020
집중력을 기른다 021
혀를 읽는다는 것 023
칵테일에도 '도(道)'가 있다 025

셰이크의 기술
하드 셰이크의 특징과 이미지 030
하드 셰이크와의 만남 032
하드 셰이크의 본질 확인 033
하드 셰이크가 살아나는 재료 033
칵테일에 떠다니는 자잘한 얼음 035

실기편
셰이크의 순서 036
1 셰이커를 잡는 법
2 셰이커를 흔드는 법
3 따르는 법

스터의 기술
스터의 특징 040
스터 시 얼음에 대해 040
스터의 이미지 041
스터에 따른 온도 변화표 043

실기편
스터의 순서 044
1 얼음의 분량
2 바 스푼을 잡는 법
3 바 스푼의 사용법
4 믹싱 글라스를 잡는 법

빌드의 기술
3가지 타입의 빌드 048
마지막까지 맛있게 마시기 위해 050

실기편
탄산을 사용하는 타입-진 토닉 052
탄산을 사용하지 않는 타입-러스티 네일 053
푸스카페 스타일 053

칵테일의 기본 동작
칵테일의 맛을 지탱하는 바텐더의 동작 054
프로의 일 055

실기편
보틀을 잡는법 056
마개를 여는 법 057
술의 계량법 058
얼음을 쪼개는 법 059
레몬 필의 순서 061
글라스를 잡는 법 061
글라스를 닦는 법 062
그라데이션 062
스노우 스타일 063
코랄 스타일 064
과일 커팅 065

화이트 스피릿
경쾌한 화이트 스피릿의 매력 066
하드 셰이크를 위한 화이트 스피릿 067

브라운 스피릿
칵테일의 진수 브라운 스피릿 070
스카치 위스키의 독특한 맛 071
버번의 매력 072
그레이프 브랜디와 애플 브랜디 072
다크 럼을 마시는 법 073
위스키의 종류와 칵테일의 상성 074

리큐어
리큐어의 매력 076
리큐어의 정의와 제조 방법 077
리큐어의 특징 078
리큐어의 선택 078

칵테일 메이킹의 도구
셰이커가 먼저일까?
　믹싱 글라스가 먼저일까? 080
셰이커의 종류와 역할 080
셰이커의 선택법 081
믹싱 글라스의 선택 082

칵테일글라스
맛있는 칵테일의 명 조연 084

스탠더드 칵테일

진 베이스
마티니 090
깁슨 094
김렛 096
알래스카 100
진 & 비터스 102
진토닉 104
화이트 레이디 108
김렛 하이볼 110

브랜디 베이스
사이드카 112
스팅거 114
알렉산더 116
잭 로즈 118
브랜디 사워 120

위스키 베이스
맨해튼 122
뉴욕 124
올드 패션드 126

보드카 베이스
러시안 128
솔티 독 130
모스코 뮬 132
씨 브리즈 134

럼 베이스
다이키리 136
바카디 138
프로즌 다이키리 140

테킬라 베이스
마가리타 142

리큐르 베이스
그래스호퍼 144
발렌시아 146
찰리 채플린 148

와인 베이스
벨리니 150
뱀부 152
키르 로열 154

셰이크의 분류 157

오리지널 칵테일

매력을 고조시키는 색의 묘미
색의 조합 162

콩쿠르 작품
퓨어 러브 164
판타스틱 레만 168
토키오 170
시티 코랄 172
킹스 밸리 174
젤러시 178
레프트 얼론 180

일본의 사계
슌교 182
스미다가와 보쇼쿠 186
히데리보시 188
세키슈 190
유키츠바키 192

코랄 스타일
코스믹 코랄 194
캐스터리 코랄 196
크리스털 코랄 198
코랄 21 200

그 외
M-30 레인 202
블루 트립 204
홍콩 커넥션 206
피셔맨 앤드 손 208
카로스 큐마 210
미라클 212
마리아 엘레나 214
라하이나 45 216
문 리버 218
서던 위스퍼 220
M-45 스바루 222
프레이즈 리셰스 224
브룸 도허 226
텐더 시리즈 228

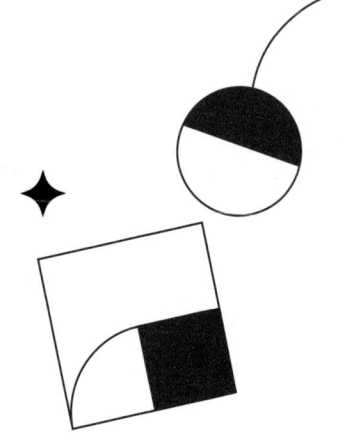

The basics of cocktail making

일러두기

🍃 페이지 하단에 ★로 표시된 주석은 모두 역주이다.

칵테일 만들기의 기본

Welcome to the Cocktail World

칵테일은 두 종류 이상의 재료를 합쳐서 만드는 음료를 말한다. 넓은 의미로는 믹스 주스도 칵테일에 포함되지만, 이 책에서는 기본적으로 알코올을 사용한 음료를 지칭한다.

칵테일은 원래 맥주나 와인이 탄생한 먼 옛날부터 존재했지만, 당시에는 고작 물에 타 마시는 정도에 불과했다. 칵테일이 현대의 모습을 가지게 된 것은 120년이 채 되지 않는다.

1879년, 미국의 칼 폰 린데가 고압 냉각기를 발명하여 얼음을 얻는 데 용이해진 것이 현대 칵테일의 계기이며, 그중에서도 1888년 미국의 헨리 라모스가 창안한 진피즈는 얼음을 사용하여 만든 초기 칵테일로 유명하다.* 방대한 레시피를 가지고 있지만, 술의 긴 역사에서 보면 칵테일은 아직도 새로운 스타일의 음료인 것이다.

최근에는 어느 정도 밸런스를 갖추는 방향으로 돌아오고 있지만, 여전히 드라이한 칵테일에 대한 선호도는 상당히 높다. 많은 칵테일이 이러한 경향을 가지고 있다.

---

* 이 책이 쓰인 2000년경의 일본에는 진피즈의 기원에 대해 이렇게 알려져 있었다. 보다 자세한 내용은 '번역자의 말' 참조.

마티니를 예로 들어보자. 드라이한 맛을 지향하게 되면서 점점 베르무트의 분량이 줄어든 끝에 베르무트의 보틀을 바라보며 진을 마신다는 우스갯소리마저 생겼다. 칵테일의 본래 의미를 생각하면 정상적인 길에서 벗어나 있다고 생각되는 레시피도 꽤 있다.

참고로 나의 마티니는 극단적인 드라이 스타일은 아니다. 마티니는 'Gin & It(드라이 진과 이탈리아에서 탄생한 스위트 베르무트를 1 대 1로 넣어서 만든 칵테일. It은 이탈리안의 줄임말)'을 원형으로 하는 칵테일로서 진 자체의 맛보다는 베르무트와 융합된 맛을 즐겨야 한다고 생각하기 때문이다. 베이스가 되는 술을 더욱 맛있게 마시기 위해 플러스알파의 맛을 내는 것이 칵테일의 칵테일다운 존재 이유라고 생각한다.

모든 칵테일에는 기본이 되는 레시피가 있다. 그러나 만드는 사람, 만드는 상황에 따라 완전히 같은 칵테일을 다시 만드는 것은 불가능하다. 이것이 칵테일의 훌륭한 점이다. 100명의 바텐더가 있다면 100개의 마티니가 탄생하는 것이다.

이제부터 나의 칵테일 만드는 이야기를 해보려 한다. 그렇다고 이 책에서 해설하는 것이 모든 사람에게 적합한 기술이라는 뜻은 아니다. 어디까지나 내가 35년에 걸쳐 추구해 온, 내 방식의 기술이라는 점을 미리 양해 구하고 싶다.

맛있는 칵테일을 만드는 방법

✦ **칵테일에는 마음의 언어가 있다**

칵테일을 만드는 기술에는 바텐더가 가진 마음이 잘 드러난다. 그 마음을 기르기 위해서는 칵테일의 레시피와 대화를 하지 않으면 안 된다. 예를 들어 사이드카라는 칵테일을 만들 때 어떻게 만들면 맛있어질까, 도대체 어떻게 만들면 사이드카가 기뻐해 줄까라는 마음가짐으로 스탠더드 레시피의 비율인 1/2, 1/4, 1/4에 대해 조금 깊이 생각해 볼 필요가 있다.

　모든 칵테일은 누군가에 의해 창작된 것이다. 그리고 우리는 그 창작자의 의도에 대해 생각해야 한다. 이 사람은 어떤 마음가짐으로 무엇을 바라고 이 칵테일을 만들었을까? 이는 칵테일이 태어난 시대와 배경을 이해하고 발상의 모습을 아는 것이다. 여기에 얼마나 자신의 마음을 잘 융합시킬 수 있는가 즉, 스탠더드의 가용 범위를 항상 머리에 두고 독자적인 칵테일을 만드는 것이다. 이 작업은 매우 중요하다.

　"어떤 바텐더의 마티니는 대단해!" 또는 "어떤 바텐더의 사이드카는 각별해!"라며 이름과 함께 평가되는 바텐더들도 있다. 앞서 이야기했듯이 그들은 보다 더 맛있게 만들고자 하는 마음으로 칵테일을 파고든 결과, 자신만의 칵테일 세계를 확립하게 된 것이다. 레시피를 그대로 따라 만드는 것만으로는 그 사람의 독자적인 맛이 생겨나지 않는다. 어떻게 하면 더 맛있어질까를 자기 나름대로 칵테일에게 물어보면 그 안에서 어떤 종류의 어레인지가 더해진다. 설령 이것이 명확한 형태가 되어서 나타나지는 않을지라도 그러한 마음가짐으로 똑같은 2 대 1 대 1 비율의 칵테일을 만든다면 반드시 맛에서 차이가 난다.

그러나 잊으면 안 되는 사실은 우선 기본이 되는 2 대 1 대 1의 사이드카를 정확히 만드는 기술을 몸에 익히는 것이다. 이 기본 중의 기본 없이는 시작할 수 없다. 이것이 가능하게 되었을 때 처음으로 한층 더 높은 맛을 낼 수 있는 칵테일을 대하는 마음가짐이 나오게 된다.

집중력을 기른다 ✦

나는 집중력에 대해 말할 때 '기(氣)를 넣는다.'라는 표현을 자주 사용한다. 당신은 언젠가 "너의 일은 기가 빠져 있어." "좀 더 빠릿빠릿하게 해."라는 말을 들은 경험이 있을지도 모른다. 스포츠 등 많은 분야에서도 집중력에 대해 비슷하게 이야기한다. 그만큼 스피릿(정신)은 굉장히 중요하다.

세상에는 다양한 칵테일 기술이 있지만, 그중에서도 특히 스터를 어떻게 해야 맛있게 만들 수 있는지 모르겠다는 불평을 자주 듣게 된다. 그러면 나는 기를 넣었는지 안 넣었는지에 달려있다고 말한다. 얼마나 집중해서 '조금이라도 맛있게 만들자.'라는 기분을 칵테일에 전달할 수 있느냐에 따라 맛의 완성도가 달라진다는 뜻이다. 그러한 마음가짐이 없는 사람은 어떻게 형태를 꾸며내더라도 맛있는 칵테일을 만들 수 없다. 그 마음가짐을 어떻게 매일 길러나갈 것인가, 이것이 맛있는 칵테일을 만드는 매우 중요한 요소이다.

그러면 기를 넣는다는 것은 구체적으로 어떤 뜻일까? 사람마다 차이가 있겠지만, 쉽게 얘기하자면 자신이 좋아하는 손님(혹은 애인)에게 칵테일을 만들어 줄 때 마음을 담는 방식이라고 생각한다. 아마 이런 상황에서는 굉장한 칵테일을 만들고 있을 게 분명하며, 그 순간 당신의 마음가짐은 매우 특별하리라 생각한다. 그러한 마음가짐을 어떤 포인트에서 느낄 수 있을까? 느낄 찬스를 잡을 수 있을까? 이것을 파악한 사람은 자신의 것으로 소화할 수 있다고 생각한다. 그때의 마음가짐을 재현하면 된다.

각자 나름의 레벨에서 자기도 모르는 새에 자연스럽게 '기가 들어간 일(작업)'을 해본 경험이 몇 번씩은 있을 것이다. 기가 들어간 일을 자신의 의식 안에서 느낄 수 있는가 없는가. 이는 칵테일의 맛 차이를 스스로 아는가 모르는가와 마찬가지이다. 등줄기가 찌릿찌릿하고 몸이 떨릴 정도의 감상을 느낄 수 있다면 이를 반복함에 따라 기가 들어간 일이 레벨 업 될 것이다. 반면, 기가 들어갔다는 것을 자신이 느끼지 못하면 안타깝게도 그 이미지는 지속되지 않는다. 이런 점을 항상 염두에 두면 느낄 수 있는 찬스는 반드시 찾아온다. 그런 기분을 매번 유지할 수 있도록 노력하는 일, 그 노력이 어디까지 가능한지에 달려 있다.

나는 카운터에 서서 칵테일을 만들 때마다 누가 마시는지 항상 확인한다. 누가 마시는지도 모르는 칵테일을 만드는 것처럼 기가 들어

가지 않는 일도 없다. 누군가를 위해 만든다고 생각하면 자연스레 기가 들어간 일이 된다. 목적의식을 가지고 만들며 느끼는 일이 칵테일 만들기의 레벨 업으로 이어진다고 생각한다. 하루에 50잔을 만든다고 하면, 그중 한두 잔이라도 좋으니 그런 마음가짐으로 만들려는 노력이 첫 한 걸음이다. 평생에 걸쳐 몇만 잔을 만든다 해도 그런 마음 없이는 아무것도 되지 않는다. 이것이 집중력을 기르기 위한 기본적인 대처이다.

혀를 읽는다는 것 ✦

여기서 혀는 바로 손님의 취향을 말한다. 손님의 취향을 아는 것은 칵테일의 맛을 추구하는 데 있어 빠뜨릴 수 없다. '기뻐해 주는 것을 기쁨으로 여긴다.' 이 말은 접객업에서 자주 회자되는 말이다. 접객업뿐만 아니라 서비스업 전반을 꿰는 말로써 칵테일을 만들 때도 굉장히 중요한 요소이다. 아무리 대단한 칵테일을 만들어도 손님이 기뻐하지 않으면 아무 의미 없는 일이 된다.

어떤 손님이 알코올이 조금 센 쪽을 좋아한다는 걸 알고 있다면 그렇게 만들어서 제공하면 된다. 단 걸 선호하는 손님에게 드라이하게 만든 칵테일을 드린다면 감동을 전할 수 없다. 이처럼 각각의 손님들이 모두 맛있다고 느낄 수 있도록 어레인지가 가능한 점이 칵테일의 장점이다.

'미스터 마티니'라고 불린 명 바텐더 이마이 키요시는 하나의 칵테일에는 네 가지 레시피가 있다고 말한다. 첫째는 표준 레시피, 둘째는 시대의 흐름을 반영한 레시피, 셋째는 만든 사람의 독자적인 레시피, 넷째는 손님의 취향에 맞춘 레시피이다. 이처럼 칵테일은 어느 정도 어레인지가 가능하며, 손님이 맛있다고 느낄 수 있게 어레인지 하는 것이 뛰어난 바텐더의 작업이다.

어느 단골손님이 우리 가게에 와서 시티 코랄을 주문한 적이 있다. 하지만 나는 다른 칵테일을 추천했다. 이분의 취향을 고려한다면 어떻게 어레인지 하더라도 시티 코랄을 맛있게 드시지 못할 거라고 생각했기 때문이다. 아무리 뛰어난 칵테일이라도 백이면 백 맛있다고 느끼는 칵테일은 있을 수 없다.

우리에게 '장사'라는 것은 손님이 만족하는 것이며, 이는 성공에 크게 작용한다. 손님의 취향을 파악하여 좋아할 만한 칵테일을 추천하는 것도 우리의 중요한 역할이다. 각설하고, 스탠더드 칵테일의 기본 레시피를 올바르게 이해하고 어레인지 하여 자신의 개성을 연출할 수 있게 될 때 그 연장선에 그 사람의 오리지널 칵테일이 있다고 생각한다.

최근에는 어린 나이에도 열심히 공부해서 대회에 출전해 우승하는 바텐더도 드물지 않다. 매우 훌륭한 일이지만 한편으로는 불쌍하다는 생각도 든다. 그 바텐더가 아직 완전히 스탠더드 칵테일을 마스터하지 않은 상황에서 콩쿠르에서 우승해 버리면 혹시라도 삶이 뒤틀어져 버리지는 않을까 싶다. 오리지널 칵테일은 기본을 정확히 밟아 온 다음의 연출이라고 생각하기 때문이다. 따라서 콩쿠르에서 좋은 성적을 남긴 사람도 기본이 되는 스탠더드 칵테일을 마스터하여 자신의 칵테일을 확립하는 것이 중요하다.

칵테일에도 '도(道)'가 있다 ✦

나는 평소에 일본인이 만드는 칵테일에 '도'가 있는 건 아닌가 하는 생각을 한다. 우리 주변에는 예로부터 전해오는 습관과 의식이 있다. 화도(꽃꽂이), 차도, 유도, 검도 등 '도'가 붙는 작업이 그것이다. 진지하게 칵테일에 몰두하다 보면 여기에도 '도'가 있다고 느껴진다. 일본인 특유의 도를 닦는다는 감성에 더해 성실하고 꼼꼼함이 더해져 일본의 칵테일은 독자적인 스타일로 변화했다.

세계 제2차 대전이 끝난 쇼와 20년(1945년) 이후로 일본에 칵테일이 퍼져나간 지 70년 가까이 경과한 지금, 유럽과 미국으로부터 전해진 칵테일은 일본 특유의 스타일을 확립했다. 어쩌면 일본은 세계에서 가장 칵테일다운 칵테일을 마시고 있는 나라는 아닐까 하는 생각도 든다.

서양 사람들은 결과를 중시한다. 최근에는 일본도 조금씩 그 영향을 받고 있는지도 모르지만, 일본인은 과정과 프로세스를 중요시 여기며 평가하는 부분이 있다. 이러한 본질적인 국민성이 아직도 강하게 남아있다고 생각한다. 또한 결과가 어찌 되었든 최선을 다했다고 하면 그걸로 만족하는 측면도 있다.

칵테일 메이킹도 마찬가지라고 생각한다. 칵테일은 완성품 자체의 맛뿐만 아니라 최선을 다해 만들었다는 마음의 표현까지도 맛에 크게 연결되어 있다. 칵테일은 육감을 전부 구사하여 즐기는 순간의 예술이라고도 일컬어지므로 눈, 코, 귀로 느끼는 맛을 전부 끌어내지 않으면 안 된다. 인간은 맛의 최종 판단을 뇌에서 내린다고 한다. 판정을 하는 뇌는 사전에 입력되는 요소에 영향을 받는다. 그러므로 손님이 칵테일을 마시기 전에 어떤 정보를 알게 되는지가 맛의 판정에 중요한 요소이다.

대부분 사람들의 미각은 절대적이지 않다. 맛있어 보이는 음식이 실제로 먹을 때도 맛있게 느껴진다고 한다. 칵테일도 마찬가지이다. 맛있을 거라고 예상하면 진짜로 맛있게 느낀다. 반면 맛없을 것 같다고 느끼면 맛은 반감된다. 그러므로 바텐더는 만드는 과정을 중시해야 한다. 맛있어 보이게끔 하는 작업을 얼마큼 할 수 있는지가 최종적인 맛의 완성에 중요한 열쇠가 된다.

손님이 문을 열고 들어와 카운터에 앉아 주문을 하고 칵테일이 나오기까지 경험하게 되는 모든 것이 칵테일 맛에 영향을 미친다. 어느 가게의 칵테일이 맛있다는 평가를 듣게 되면, 어쩌면 그곳에서 어떤 칵테일이 나오더라도 맛있게 느낄지도 모르겠다.

칵테일은 만드는 바텐더의 동작뿐만 아니라 그의 인간성까지도 칵테일의 맛과 연결된다. 손님은 바텐더의 청결함과 인간성을 예리하게 느낀다. 복장, 말투, 시선, 신선함, 집중력에 이르기까지 모든 것이 맛에 관계된다. 처음 방문한 가게에서 '이 바텐더가 만들지 않았으면 좋겠다.'라는 생각이 든다면 그 바텐더가 만든 칵테일은 맛없게 느껴질 것이 틀림없다. 그리고 두 번 다시는 그 가게에 가지 않을 것이다.

몇 번이고 반복해서 말하지만, 맛의 최종 결정은 어디까지나 손님이 하는 것이다. 우리가 아무리 노력해도 손님이 맛없다고 하면 거기까지일 뿐이다. 자신의 맛이 절대적이지 않다는 것을 늘 인식하길 바란다.

TV 프로그램 등에서 종종 고집스러운 라면집이나 스시집이 소개될 때가 있다. 만드는 쪽에서 일방적으로 룰을 정해두고 그것을 모르는 손님은 오지도 말라고 하는 경우가 있는데, 한 종류의 명물로써는 좋을지도 모르지만 일반적으로는 이래서는 안 된다고 생각한다.

내 생각이 절대적이라는 자신감은 중요하지만, 과신은 금물이다. 이것이 '칵테일 도'의 최대 포인트이다. 절대로 교만해지지 않을 것. 콩쿠르에서 우승을 하더라도 그뿐, 손님 앞에서는 별개의 문제이다.

어떻게 하면 손님이 즐거워할 맛있는 칵테일을 만들 수 있을까를 생각하는 것이 바텐더의 최대 업무이다. 이 사실을 확실히 머릿속에 집어넣지 않으면 안 된다. 이것이 칵테일의 '도'를 닦는 데 있어 최종적인 각오라고 생각한다.

스모 선수뿐만 아니라 바텐더에게 있어서도 '심기체(心技體)'는 매우 중요하다. 과신하지 않는 마음, 조금이라도 맛있는 것을 만들고자 하는 마음을 실현하기 위한 기술 그리고 이를 받쳐주는 몸이 그것이다. 결국 건강이 제일 중요하다.

우리들의 일은 '일기일회(一期一會; 이치고이치에)'라는 말로 종종 표현된다. '평생 단 한 번의 만남'이라는 뜻의 이 말은 칵테일이 순간의 예술이라는 사실을 나타내고 있지만, 손님과의 만남도 마찬가지로 '일기일회'이다. 그러니 만남을 중히 여겨 최대한 가게의 휴무가 없게끔

하지 않으면 안 된다. 몸이 건강하지 않다면 마음이 비뚤어지기 쉽고 집중력도 나오지 않는다. 절대 과음하지 말고, 각자 자신의 몸 상태를 컨트롤하여 건강을 보전하지 않으면 안 된다.

지금까지 여러 가지 이야기를 했지만, 건강에 유의해서 최선을 다해 일하는 노력이 '칵테일 도'를 닦는 데 있어 가장 중요하다.

셰이크의 기술

✦ **하드 셰이크의 특징과 이미지**

셰이크는 셰이커에 얼음과 재료를 넣고 흔들어서 재료를 냉각시키며 섞기 위한 기술이다. 특히 비중이 가벼운 스피릿류와 무거운 리큐어 또는 크림, 달걀이나 과즙 등 비중이 다르거나 잘 섞이지 않는 성질을 가진 복수의 재료를 섞기에 적합하다. 셰이커를 흔드는 방법은 바텐더에 따라 천차만별이지만 목적은 모두 같다.

나는 그중에서도 '하드 셰이크'라는 방법을 택하고 있다. 하드 셰이크란 무엇인가? '하드'라는 단어가 의미하는 그대로 '강하고* 복잡하게 흔드는 것'이다. 이와 반대되는 개념으로 부드럽게 흔드는 소프트 셰이크가 있다. 하드, 소프트 어느 쪽이든 기술이 뛰어난 바텐더가 흔든다면 재료가 깔끔하게 섞인다. 그렇다면 나는 왜 하드 셰이크를 택했을까?

셰이크의 목적에는 냉각과 섞임만이 아니라 소재의 예민함과 알코올의 강함을 누그러뜨려 마시기 쉬운 칵테일로 완성하는 것도 포함되어 있다. 이 목적

---

* 이 책이 출간된 당시에는 '강하게'라고 하였으나 표현법에 오해가 있을 수 있다. 우에다 본인도 출간 이후 "하드 셰이크는 스트롱 셰이크가 아니다."라고 세미나 등에서 자주 언급했다. '얼음이 부서질 정도로 강하게'가 아닌 '얼음과 액체가 셰이커 안에서 효율적인 움직임을 할 수 있을 정도로 강하게'라고 이해해 주길 바란다. 보다 자세한 내용은 '번역자의 말' 참조.

을 추구하다 보니 결국 하드 셰이크에 도달했다.

셰이킹의 이미지에 대해 얘기해 보자. 우선 술의 원소를 정방형이라고 가정할 때 셰이킹은 네 모서리의 각을 깎아 둥글게 만드는 것이라 생각하기 쉽지만, 나는 정방형의 술에 기포를 붙여서 둥글게 부풀린다는 이미지를 가지고 있다. 하드 셰이크로 생성된 기포가 쿠션과 같은 역할을 하게 되어 이로 인해 부풀려진 술이 부드러운 맛으로 완성되는 것이다. 그리하여 둥글게 부풀려진 술의 원소들이 최종적으로는 다른 재료와 결합한다. 이것이 내가 셰이커를 흔들고 있을 때의 이미지이다.

기포를 만들어 내는 것이 하드 셰이크의 최대 그리고 최종적인 목표라 할 수 있다.

셰이커에는 1인용(소), 2인용(중), 3인용(대), 5인용(특대)이 있으며, 업소용으로는 2인용(중) 이상을 사용한다. 나는 1~2인분의 칵테일을 만들 때 3인용(대) 사이즈를 이용한다. 믹싱 글라스와 달리 셰이커의 경우 큰 것이 작은 것을 겸한다.

셰이커의 각 부분. 왼쪽부터 보디(본체), 스트레이너(중간 덮개), 톱(위 덮개).

✦ 하드 셰이크와의 만남

신기하게도 칵테일은 레시피대로 제조하더라도 바텐더에 따라 맛은 물론이고 색마저 달라진다. 이 사실을 깨달은 뒤부터 나의 칵테일 만들기는 변화해 왔다. 손님을 위해 조금이라도 더 맛있는 칵테일을 내어드리고 싶다는 마음 하나로 열심히 셰이커를 흔들었더니 칵테일에 아주 작은 기포가 생기는 것을 알아차릴 수 있었다.

"알코올의 강도가 부드럽게 느껴져서 마시기 편하다." 손님으로부터 이러한 평가를 받으며 기포의 소중함을 실감했다. 그리고 촘촘하고 부드러운 기포를 칵테일에 안겨주는 행위가 나의 칵테일 만들기의 중요 과제가 되었다. 그리고 보다 맛있는 칵테일을 추구하여 흔드는 법도 바꿔갔다. 맨 처음에는 '<' 모양의 셰이킹이었으나 이것으로는 충분한 기포를 만들 수 없었다. 거기서 보다 강하게 흔들어서 섞이게끔 하기 위해 3단으로 흔드는 방식을 도입했다. 한층 더 복잡성을 더하기 위해 스냅을 넣어 비트는 동작을 추가해 흔들고, 셰이커를 비스듬히 잡는 자세를 취해보았다. 이렇게 하드 셰이크의 원형이 만들어졌다.

이후 여기에서 한 단계 더 나아가 복잡한 맛을 만들기에 몰두하게 되었다. 5년 정도에 걸쳐 수없이 많은 칵테일을 만들다 보니 필요 이상의 동작을 줄여 나가며 효율적인 하드 셰이크가 가능하게 되었다.

이렇게 나의 셰이킹 동작은 조금 간결하면서도 보다 복잡하고 섬세해졌다. 크게 흔들수록 복잡함은 감퇴한다는 것을 알게 된 것도 영향을 주었다. 하드 셰이크라 해도 전부 똑같이 흔드는 것은 아니다.

사용하는 재료에 따라 강약과 장단을 조합해서 비트는 동작과 스냅으로 복잡한 움직임을 하고 있다.

하드 셰이크의 본질 확인 ✦

셰이크는 얼음을 사용하므로 차갑게 하기는 쉽지만 섞는 것은 굉장히 어렵다. 그래서 재료를 확실히 섞는 것이 하드 셰이크의 전제조건이다. 섞는 기술 없이 강하고 긴 하드 셰이킹을 하면 셰이커 안의 얼음이 녹아 칵테일이 싱겁게 되어버릴 뿐이다. 확실하게 섞여진다면 얼음에서 녹아 나오는 수분을 술 안에 집어넣을 수 있어 싱거움이 느껴지지 않는다.

하드 셰이크를 확인하려면 마셔서 판단하는 수밖에 없다. 싱거운지 아닌지가 유일한 판단 기준이다. 마셔봐서 흐리멍덩하고 묽은 느낌이 있으면 재료가 섞이지 않았다는 뜻이다. 다만, 크림이나 달걀 등을 사용한 칵테일은 눈으로도 확인이 가능하다. 하드 셰이크가 잘 되어 있다면 부드러운 휩 상태로 변하므로 하드 셰이크 연습에 적합한 재료이다.

하드 셰이크가 살아나는 재료 ✦

하드 셰이크의 장점이 잘 드러나는 재료들이 있다. 먼저 크림이다. 크림을 제대로 셰이크 하면 안에서 교반되어 기포가 생겨나 휩 상태가 된다. 특히 당분이 더해지면 기포를 유지하기가 더욱 용이해진다. 하드 셰이크 외의 셰이킹으로는 얻을 수 없는 식감이 태어나는 것이다.

달걀흰자도 마찬가지이다.

과즙도 하드 셰이크의 장점을 잘 드러낸다. 기포의 발생은 보통이지만 과즙은 잘 섞이지 않는 재료이다. 따라서 다른 재료와 확실하게 섞기 위해서는 하드 셰이크가 가장 적합하다. 과즙의 산미를 감미, 알코올과 일체화시켜서 부드러운 하나의 맛으로 완성시켜준다. 이처럼 베이스의 스피릿에 크림이나 달걀, 과즙을 조합하는 칵테일은 하드 셰이크에 적합하다고 할 수 있다.

역으로 별로 장점을 낼 수 없는 조합도 있다. 리큐어와 스피릿 등 주류만의 조합이 그러하다. 이들은 기포는 만들어지지만 유지하기가 어렵다. 단시간에 기포가 사라져버리기 때문이다. 이러한 의미로 나는 이 책에 나오는 스팅거, 알래스카, 러시안까지 셰이킹 하는 칵테일 3가지를 스터로 만들어 보았다. 하드 셰이킹을 하지 않아도 스터로 충분히 칵테일의 맛을 표현할 수 있다고 확신하기 때문이다.

또한, 베이스가 되는 스피릿의 브랜드에도 적합한 것과 적합하지 않은 것이 있다. 하드 셰이크는 일단 셰이커 안에 재료를 풀어헤친 다음 하나로 정리하는 기술이다. 이에 따라 완성시켰을 때 확실하게 술의 개성과 존재감이 남는 브랜드의 선택이 필요하다. 하드 셰이크를 견딜 수 있는 탄력성이 요구되는 것이다.

스피릿 중에서도 특히 진과 보드카가 브랜드에 따른 맛의 차이가 크다. 보드카는 단순히 알코올 맛이 나는 술이지만, 신기하게도 칵테일에 사용될 때는 큰 차이가 난다. 대체로 스트레이트로 마셨을 때 맛있는 술(세련되고 마시기 쉬운)일수록 하드 셰이크에 적합하지 않다. 그러니 확실하게 스피릿다운 맛과 깔끔함이 남는 상표를 선택하길 바란다.

칵테일에 떠다니는 자잘한 얼음 ✦

칵테일의 표면을 덮는 얼음 알갱이는 어디까지나 하드 셰이크의 부산물일 뿐이며 띄우는 것이 목적이 아니다. 하드 셰이크를 목표로 하던 초창기에는 나도 얼음 알갱이를 띄우기 위해 노력했던 적이 있다. 셰이커의 스트레이너 구멍 크기를 크게 하는 등 여러가지 노력을 해봤지만 돌이켜 보면 착각에 불과했다. 어디까지나 기포를 중요시해야 한다.

  적절한 하드 셰이크를 구사하면 스트레이너의 구멍이 크지 않아도 얼음 알갱이를 얻을 수 있다. 게다가 확실하게 셰이커 안의 얼음이 회전하고 있다면 자잘한 얼음이 전면에 떠다닌다. 다만 맹목적으로 얼음을 바닥에 부딪치게 하는 직선적인 하드 셰이크를 하면 얼음이 크게 깨지므로 스트레이너의 구멍으로 나오기 어렵게 되고 나오더라도 큰 조각으로 부서진다.

Cocktail Basics
셰이크의 순서

1 셰이커에 얼음을 가득 넣는다. 쪼갠 얼음과 큐브 아이스를 균등하게 분산시켜 아래쪽은 비교적 작은 얼음, 위쪽은 큰 얼음을 넣는다.

4 스트레이너를 결합한다. 이때 반드시 수평으로 결합시켜야 한다. 흔들거리거나 기울어지게 결합하면 셰이킹 중 빠져버릴 염려가 있다.

6 셰이킹 한다. 셰이커의 내부를 효율적으로 사용하여 잘 섞는다. 크림이나 난백, 난황 등 잘 섞이지 않는 재료를 사용한 칵테일은 평소보다 1.5배가량 오래 흔든다.

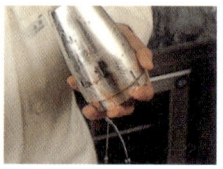

2 물을 넣어 얼음을 씻어낸다. 물맛이 나는 원인의 하나인 얼음의 가장자리와 성에를 제거하고, 셰이커를 차갑게 하는 역할도 한다. 손으로 얼음을 받쳐서 물을 빼낸다.

5 잠시 셰이커 안의 공기가 빠지게끔 한 뒤 톱(뚜껑)을 결합한다. 공기를 빼지 않으면 셰이킹 중 공기에 밀려 뚜껑이 날아가 버리는 경우가 있다.

7 차가운 칵테일 잔에 넣는다.

3 분량이 많은 순으로 재료를 셰이커에 넣는다.

1 셰이커를 잡는 법

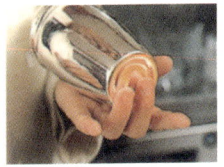

1 왼손을 가슴 앞에 둔다. 톱을 몸 쪽으로 향하게 하고 왼손 중지와 약지로 셰이커 바닥 쪽의 패인 부분을 막는다.

4 오른손 검지를 스트레이너의 튀어나온 부분에 올려놓는다.

• **셰이크를 위한 얼음**

쪼갠 얼음과 큐브 아이스는 6:4 비율로 사용한다. 쪼갠 얼음만 사용하면 셰이크가 딱딱해지므로 큐브 아이스를 쿠션으로 이용한다. 큐브 아이스를 사용하면 경제적으로도 저렴하다.

2 왼손 바닥을 살짝 둥글게 쥐어서 보디에 달라붙지 않도록 한다.

5 중지로 보디, 검지로 스트레이너를 확실하게 잡는다.

3 오른손 엄지로 톱 부분을 막는다.

6 나머지 손가락은 보디에 걸치는 정도로 한다. 사진은 셰이킹을 준비하는 시점.

2 셰이커를 흔드는 법

정면을 향하여 어깨너비 정도로 다리를 벌리고 자연스럽게 선다. 여기에 왼발을 45도 바깥쪽으로 열어 둔다. 셰이커의 위치는 왼발의 위이며, 상반신도 45도 왼쪽으로 향한다.

✦ 스트로크

밀고, 당긴다. 한 번의 셰이킹은 이 두 가지 동작이 기본이다. 이 동작으로 인해 얼음은 바닥과 스트레이너에 튕겨지듯이 움직인다. 얼음이 튕겨져 나오는 타이밍에 늦지 않게 되돌리는 것이 중요하다. 따라서 한 번의 셰이킹에 얼음이 튕기는 소리는 두 번 나게 된다. 확실하게 밀고 당기는 동작이 가능하게 되면 두 번의 얼음 소리가 같은 음량으로 나게 된다. 셰이킹 중에 달그락거리는 소리가 나거나 밀 때만 소리가 크게 나는 것은 올바른 셰이킹이라 할 수 없다.

✦ 스냅을 넣는다

밀고 당기는 기본 동작에 손목의 스냅을 넣어 셰이커에 상하의 각도를 만든다.

1 셰이커를 바르게 잡고 왼쪽 가슴 앞에서부터 같은 높이로 정면을 향해 직선으로 밀어낸다.

2 원래의 위치로 되돌아온다. 확실하게 얼음을 되돌리는 것이 중요하다. 한 번의 동작에 완급의 균형을 잡도록 하자.

1 밀어낼 때는 셰이커를 세우듯이 손목의 스냅을 넣는다.

2 당길 때는 셰이커가 물구나무를 서듯이 스냅을 넣는다.

✦ 비틀기(트위스팅), 왼쪽으로 각도를 넣는다

오른쪽 어깨, 오른쪽 팔꿈치를 들어 올려 오른팔을 경사지게 함으로써 동작에 비틀기를 더한다. 또한 셰이킹 시에 셰이커가 왼쪽으로 45도 기울어지게 파지한다. 이렇게 스트로크, 스냅, 비틀기, 왼쪽으로 각도를 넣는 동작으로 인해 재료가 셰이커 안에서 효율적으로 대류하는 셰이킹이 완성된다. 아래 사진에서는 비틀기와 각도만의 요소를 뽑았다.

3 따르는 법

보통은 셰이커를 비스듬히 기울여서 따르지만, 나는 물구나무 서듯이 향하게 하여 얼음 알갱이가 남지 않고 칵테일글라스 위를 떠다니게끔 따른다.

1 스트레이너 입구를 완전히 아래로 향하게 하여 반시계 방향으로 돌리며 한 번에 따른다.

2 비틀어진 셰이커를 되돌리면서 왼쪽 가슴 앞으로 원위치시킨다.

1 스트로크를 하면서 오른쪽 어깨와 팔꿈치를 올리는 동작으로 셰이커에 스크루와 같은 비틀기를 더한다. 왼손 손목의 움직임을 보더라도 셰이커에 비틀기가 더해져 있음을 알 수 있다. 또한 셰이커는 진행 방향에서 똑바로가 아닌, 사진 **A**처럼 각도를 넣어 흔든다. 사진의 바 스푼이 어깨선에 대해 직각을 나타내고 있다. 스트로크를 할 때는 그것보다 조금 각도를 틀어준다.

2 마지막에는 셰이커를 들어 올리며 옆으로 향하게 잡고 그대로 스냅을 주어 상하로 움직여 얼음 소리를 내며 매듭 짓는다. 셰이커에 아무것도 남지 않았다는 증거이기도 하고, 셰이킹이 끝났다는 신호로써의 연출 효과도 있다.

분량에 불안감이 있으면 이렇게 따르기 십상이지만 이 경우에는 스트레이너 입구에 모인 얼음 알갱이가 셰이커 안에 남아버린다.

스터의 기술

✦ **스터의 특징**

스터는 셰이킹과 쌍벽을 이루는 칵테일 기술의 하나로써 비중이 가까운 재료, 과즙을 사용하지 않는 것처럼 비교적 섞이기 쉬운 재료들을 냉각, 섞을 때 사용한다. 일반적으로 '셰이크는 각을 없애고, 스터는 각을 남긴다.'라고 일컫는 것처럼 스터는 베이스가 되는 술의 도수, 날카로움을 강조하고 싶을 때 사용하는 기법이다. 하지만 스터는 베이스가 되는 술 그대로의 특징을 내는 것만이 아니라 플러스알파의 깊이를 더해 어디까지나 믹스된 풍미를 만들어 내기 위한 기술이라는 사실을 잊으면 안 된다.

✦ **스터 시 얼음에 대해**

스터도 셰이크와 같이 얼음에 대한 의존도가 높다. 그러다 보니 물맛이 나게 될 위험성이 크다. 이를 최소한으로 막기 위해서 얼음을 물로 씻어내고 크기의 균형 등을 고려해야 하지만, 무엇보다도 스터 동작에서 가장 중요한 것은 얼음을 망가뜨리지 않고 회전시키는 것이다. 회전 시 얼음이 서로 부딪히게 되면 얼음의 각이 부서져 녹으면서 물맛이 나버리기 때문이다.

얼음을 최대한 녹이지 않고 동시에 충분히 믹스시

스터에 필요한 도구. 왼쪽부터 스트레이너, 믹싱 글라스, 바 스푼이다. 통상의 바 스푼은 목에 각도가 있지만 나는 이것을 똑바로 펴서 스터 시에 바 스푼의 봉과 스푼의 움푹 팬 부분의 두께를 가능한 한 얇게 하고 있다. 이는 조금이라도 얼음을 다치게 하지 않고 스터할 수 있도록 고안한 아이디어이다.

켜 수분을 감싸 안아야 한다. 그렇게 하기 위해서는 섞는 방법이 포인트가 되겠지만 스터 횟수와 스피드는 사용하는 재료나 얼음의 상태, 만드는 바텐더에 따라서도 달라진다. 몇십 번 스터 해도 섞이지 않는 사람도 있고, 단지 몇 번만으로 완벽하게 섞을 수 있는 사람도 있다. 이것만큼은 바텐더의 경험치에 의존할 수밖에 없다.

스터의 이미지 ✦

믹싱 글라스에 따라놓은 시점에서 술과 술은 단순히 붙어있을 뿐이다. 셰이크에서는 일단 각각의 재료를 펼쳐놓은 뒤 기포를 안게 하여 부풀린 다음 하나로 모았지만, 스터에는 흩트려서 결합시키는 이미지가 없다. 온 신경을 집중하여 얼음 사이를 헤엄치도록 해서 붙어있는 술의 분자를 조용히 신속하게 녹아들도록 결합시킨다.

　얼음을 씻어내고 재료를 따를 때부터 집중이 시작되어 점차 고조된다. 그리고 바 스푼을 자연스럽게 빼고 손님에게 따라드린 시점에서 겨우 숨을 돌려 집중으로부터 해방된다. 이것이 나의 스터의 이미지이다. '스터를 한다.' 일반적인 레시피는 이 한마디로 끝내지만, 믹싱 글라스 안에서는 눈에 보이지 않는 미묘한 융합이 조용히 일어나고 있는 중이다.

스터에 따른 온도 변화표 ✦

* **쪼갠 얼음**은 얼음 전문점의 얼음을 나타낸다.
  큐브 아이스는 제빙기의 얼음을 나타낸다.

조건		온도 ℃	증량 ml
사용하는 얼음이 달라질 때의 온도 변화와 증량 수			
쪼갠 얼음	대 2개(상온 20℃, 스터 20회, 용량 60ml)	8.0	10
쪼갠 얼음	소 10개(상온 20℃, 스터 20회, 용량 60ml)	4.5	17
쪼갠 얼음	대, 소 조합 6개(상온 20℃, 스터 20회, 용량 60ml)	4.0	13
큐브 아이스	8개(상온 20℃, 스터 20회, 용량 60ml)	6.0	15
진의 온도와 사용하는 얼음이 달라질 때의 온도 변화와 증량 수			
상온의 진	20℃, 큐브 아이스 8개, 스터 20회	6.0	15
냉장 상태의 진	7℃, 큐브 아이스 8개, 스터 20회	3.8	10
냉장 상태의 진	7℃, 쪼갠 얼음 6개, 스터 20회	3.2	9
냉장 상태의 진	7℃, 쪼갠 얼음 6개, 스터 30회	1.9	10
스터 횟수에 따른 온도 변화와 증량 수			
10회 스터	상온 20℃, 큐브 아이스 8개	7.0	10
15회 스터	상온 20℃, 큐브 아이스 8개	6.3	12
20회 스터	상온 20℃, 큐브 아이스 8개	6.0	15
30회 스터	상온 20℃, 큐브 아이스 8개	3.9	16

이상의 실험 결과로 알 수 있는 스터의 이상적인 조건은 다음과 같다.

- 냉장 상태의 진(5~7℃)
- 25~30회의 스터
- 쪼갠 얼음 대, 소 조합
- 조금 빠르게 스터 할 것

다만, 실험할 당시 습도 등의 차이로 인해 약간의 오차는 발생할 수 있다.
계량에는 온도계와 실린더를 사용했다.

Cocktail Basics
스터의 순서

1 쪼갠 얼음을 적량 믹싱 글라스에 넣고 물을 붓는다.

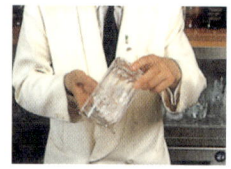

4 45도 정도로 믹싱 글라스를 기울여 물을 확실하게 제거한다.

7 스트레이너를 결합해서 차가운 칵테일글라스에 조용히 따른다.

2 바 스푼으로 가볍게 스터 해서 녹기 쉬운 얼음의 표면과 얼음의 자잘한 조각 등을 제거하고 믹싱 글라스를 차게 한다.

5 스트레이너를 분리하고 베이스 술부터 순서대로 믹싱 글라스에 따른다.

8 다 따랐으면 믹싱 글라스를 살짝 들어 올려 짧게 상하로 흔들어 얼음 소리를 내서 마지막을 알린다.

3 스트레이너를 결합한다.

6 바 스푼의 등을 믹싱 글라스의 안쪽 면에 밀착시켜 미끄러트리듯 넣어 쌓여있는 얼음을 무너뜨리거나 부딪히지 않게 스터 한다. 왼손은 믹싱 글라스의 온도가 올라가지 않도록 바닥 부분(액체가 들어있지 않은 부분)을 잡는다.

1 얼음의 분량

사진은 믹싱 글라스에 필요량의 얼음과 술을 넣은 것이다. A는 옆에서, B는 위쪽에서 본 정상일 때의 얼음과 술의 상태이다. C는 얼음의 분량이 많은 나쁜 예이다.

스터의 얼음은 냉각의 역할을 하지만 이것은 술이 얼음에 닿음으로써 차가워지는 것이지 술에 닿아있지 않은 얼음은 필요가 없을 뿐더러, 이 얼음이 녹아 술과 섞여서 물맛이 나는 원인으로 이어져 버린다. 어느 정도의 분량은 필요하지만 셰이크와 다르게 많을수록 좋은 것은 아니다.

나쁜 예

2 바 스푼을 잡는 법

바 스푼의 중앙을 기점으로 회전시킨다. 이렇게 하면 헤드 부분이 움직여서 아름답게 보이기 때문이다.

옆으로 보면 엄지와 약지는 바 스푼의 위, 검지와 중지는 아래로 온다. 엄지와 검지는 바 스푼을 지탱하는 역할을 하며 중지와 약지를 움직여 스터 한다.

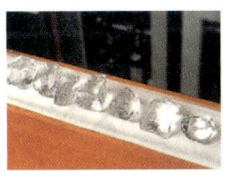

• **얼음의 크기**

대소를 섞어서 쪼갠 얼음을 준비한다. 크기는 균일하지 않은 것이 좋다. 작은 얼음만으로는 녹기 쉬워서 어느 정도 큰 얼음이 필요한 반면, 얼음의 표면적을 크게 해서 한 번에 냉각시키기 위해서는 얼음과 얼음 사이의 빈 공간을 없애는 편이 좋으므로 다소 작은 얼음도 필요하게 된다.

3 바 스푼의 사용법

믹싱 글라스에 넣은 얼음과 술은 회전하지만 손은 회전운동이 아니라 바 스푼을 앞뒤로 움직이는 감각으로 스터 한다.
얼음을 무너뜨리지 않도록 주의하면서 바 스푼의 등 쪽이 믹싱 글라스의 안쪽 면을 따라 사진 **2~3**의 전후 운동을 반복하면 얼음과 술은 조용히 회전한다. 스피드는 너무 느리지 않게 적당한 속도를 유지하며, 바 스푼을 뺄 때에도 회전을 멈추지 않게끔 흐름에 따라 넣을 때와 마찬가지로 비스듬히 홱 하고 뺀다.

4 믹싱 글라스를 잡는 법

1 스트레이너는 믹싱 글라스의 주둥이 부분과 반대 방향에 손잡이가 오도록 끼운다. 검지로 스트레이너를 누른다.

1 바 스푼의 등 쪽을 안쪽에 붙여서 비스듬한 각도로 믹싱 글라스와 얼음의 틈새에 미끄러지듯 넣는다. 얼음을 움직이지 않게 하는 것이 중요하다. 이 얼음과 스푼의 모양, 상태를 유지하면서 돌린다.

3 중지로 바 스푼을 몸 쪽으로 오게 한다. 중지의 반동만으로 돌리게 되면 술이 파도치듯 되어 버린다.

2 믹싱 글라스를 엄지와 중지로 확실하게 잡는다.

3 사진은 나쁜 예. 믹싱 글라스는 모든 손가락이 달라붙게 잡거나 손바닥이 닿으면 온도가 올라가 버리므로 주의가 필요하다.

2 약지로 바 스푼을 맞은편으로 민다. 주로 이 약지의 힘으로 스터 하게 된다.

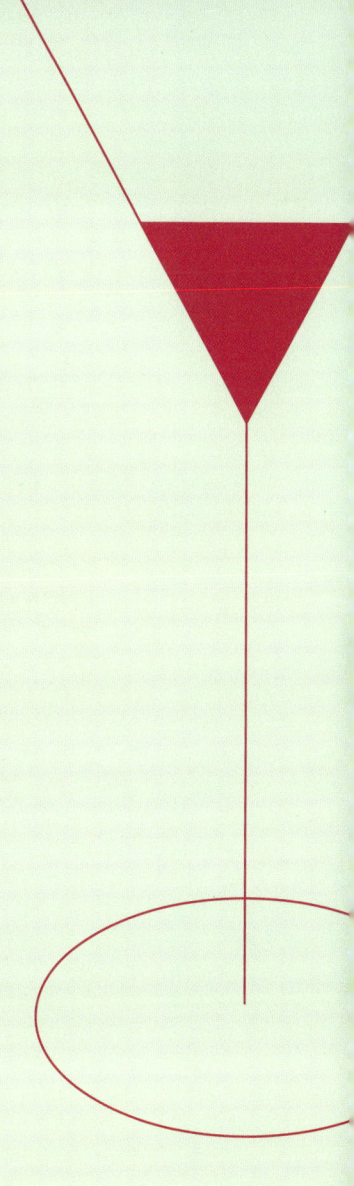

칵테일을 만드는 기술에는
바텐더가 가진 마음이 잘 드러난다.
그 마음을 기르기 위해서는
칵테일의 레시피와 대화하지 않으면 안 된다.

빌드의 기술

✦ **3가지 타입의 빌드**

빌드는 특별한 기구를 사용하지 않고 글라스 안에서 완성시키는 칵테일 스타일을 말한다. 위스키 하이볼을 떠올리면 이해가 빠를 듯하다. 얼음을 넣은 글라스에 몇 종류의 재료를 직접 넣어서 완성시키는 방식으로써 크게 3가지 타입이 있다.

1 탄산을 사용하는 타입

진토닉, 모스코 뮬 등과 같이 소다나 토닉 워터, 진저 에일 등의 탄산을 사용하는 타입이다. 탄산의 산뜻한 자극이 맛을 결정하는 포인트이므로 탄산의 기포를 터트리지 않도록 컨트롤하지 않으면 안 된다. 따라서 너무 섞지 않는 것이 중요하다. 너무 섞어버리면 탄산이 빠져서 맛이 약해지는 원인이 된다.

 탄산수는 술에 직접 닿도록, 얼음에 부딪히지 않게 빈틈으로 떨어져서 퍼지도록 차분하게 따른다. 탄산은 어딘가에 부딪히는 횟수가 많을수록 기포가 많이 빠져버린다. 또한 빌드에 쓰이는 얼음의 역할은 셰이크나 스터와는 다르게 보냉이 목적이다. 따라서 탄산을 사용하든 사용하지 않든 재료의 술과 탄산 등은 냉장고에 차게 해 두지 않으면 물맛이 나 버린다.

2 탄산을 사용하지 않는 타입

러스티 네일, 블랙 러시안 등과 같이 탄산을 사용하지 않고 만드는 타입의 칵테일이다. 섞이기 어려운 재료들의 경우는 도와주는 정도로 다소 섞지만 너무 섞어서는 안 된다. 재료는 비중이 가벼운 것부터 순서대로 넣으면 무거운 것은 위에서 아래로 내려가게 되므로 자연히 섞인다.

빌드다움이란, 따르는 행위에 의해 생겨나는 자연스러운 섞임에 있다. 재료의 여러 가지 맛을 따로따로 즐길 수 있는 게 빌드의 좋은 점이기 때문이다. 만약 완벽하게 섞을 필요가 있다면 스터를 선택하는 게 옳다고 생각한다.

3 푸스 카페 스타일

푸스 카페란 '커피를 밀어 보낸다'는 의미로써 커피 대신 혹은 커피 이후에 마시는 디저트 대신의 것이었다. 엔젤스 키스(팁)가 대표적으로, 리큐어 글라스나 푸스 카페용 작은 글라스에 재료의 비중 차를 이용해 술을 쌓아 올린다. 빌드의 원형 스타일이라고 할 수 있다. 비중이 무거운 것부터 순서대로 바 스푼의 볼록한 면을 타게 하여 차분하게 따른다.

참고로 비중은 동종의 리큐어라도 브랜드에 따라 다르다. 또한 병에 기재된 사항(진액 분량으로 표시되어 있다)은 근사치인 경향이 있으므로 어디까지나 대략적 기준으로 삼고, 실제로는 자신이 시험해 봐서 결정하는 것이 좋다.

✦ 마지막까지 맛있게 마시기 위해

빌드는 셰이크나 스터에 비해서 쉽다고 생각할 수 있지만, 실제로는 바 스푼 조작 하나로도 맛이 완전히 달라지게 된다. 특히 15~20분에 걸쳐 천천히 즐기는 롱 드링크의 경우 기술의 차이가 시간이 경과함에 따라 명확한 맛의 차이로 나타난다.

예를 들어 진토닉을 만들 때 얼음 위에 탄산을 부어서 달그락달그락 2~3회 바 스푼을 상하로 움직여서 만들면 확실히 최초의 한 모금은 후자 쪽이 기포가 활발히 떠올라서 상쾌한 인상을 받지만, 30초쯤 뒤부터는 전자에 비해 맥 빠진 듯한 맛이 나오게 된다. 그 뒤는 짐작대로 신맛과 쓴맛이 나와서 다른 맛의 칵테일이 되어 버린다.

또한 냉동고에 서리가 낄만큼 차갑게 해둔 진을 사용한 경우 전자와 같이 만들어도 칵테일의 마무리가 끈적끈적하게 무거워져 버려서 진이 살아나지 않는다. 이것으로는 진토닉의 청량감을 표현할 수 없다.

빌드의 경우 냉각시키는 작업은 특별히 없으므로 베이스가 되는 술은 차게 해 두는 편이 좋으나 칵테일에 사용하는 경우 냉동고에서 냉각시키면 향과 맛이 잘 살아나지 않으므로 개인적으로는 냉장고를 이용하고 있다.

빌드는 특별한 기구를 사용하지 않고
글라스 안에서 완성시키는 칵테일 스타일을 말한다.
위스키 하이볼을 떠올리면 이해가 빠를 듯하다.

Cocktail Basics
탄산을 사용하는 타입 진토닉

1 텀블러는 살짝 김이 서릴 정도로 냉각시킨다(사진 왼쪽). 오른쪽은 상온의 글라스.

4 진을 따른다.

7 똑같이 바 스푼을 자연스레 뺀다.

2 글라스의 용량에 따라 다르지만, 얼음은 큰 사이즈의 쪼갠 얼음을 2~4개 넣는다. 글라스 위로 튀어나오면 마시기 어렵고 보기도 좋지 않으므로 주의한다.

5 토닉 워터를 얼음의 틈새로 부어 올린다. 필요하면 바 스푼으로 얼음을 피해서 따른다. 이때 바 스푼은 다음 동작의 준비를 위해 미리 오른손으로 잡는다.

* 진과 라임과 탄산을 사용한 칵테일인 「진리키」도 있다. 진리키는 하프 컷 라임을 사용하고 머들러를 넣어서 서브한다. 이 경우에는 탄산수를 따르기만 하고 따로 섞지는 않는다. 손님이 직접 취향대로 머들러를 사용해 산미를 조절하기 때문이다.

3 라임을 짜 넣는다. 손님에게 과즙이 튀지 않도록 다른 손으로 커버한다.

6 얼음에 부딪히지 않게 바 스푼을 자연스럽게 넣는다. 돌리지 말 것. 과즙과 그 외 몇 종의 술을 함께 넣는 경우는 살짝 몇 번 들어 올려 섞는 경우도 있다.

Cocktail Basics
탄산을 사용하지 않는 타입 러스티 네일

1 사전에 희미하게 김이 서릴 정도로 냉각시킨 온더록스 글라스를 준비한다.

4 비중이 무거운 리큐어(드람뷔)를 넣는다. 무거운 것을 나중에 넣는 것으로 위에서부터 아래로 자연히 섞이게 된다.

Cocktail Basics
푸스 카페 스타일

1 재료들 중 비중이 제일 무거운 것을 맨 처음 넣는다. 글라스, 리큐어류는 차게 해두지 않아도 좋다.

2 큰 사이즈의 쪼갠 얼음을 2~3개(술에 뜨지 않을 정도) 넣는다. 글라스 위로 튀어나오지 않게 주의한다.

5 바 스푼을 넣어 도와주는 정도로 가볍게 스터 한다. 절대로 많이 섞어서는 안 된다.

2 술을 따를 때는 우선 바 스푼의 볼록한 부분을 글라스의 안쪽 벽에 닿게 한다.

3 비중이 가벼운 것부터 순서대로 넣는다. 여기서는 우선 베이스의 위스키이다. 온더록스 스타일의 칵테일은 술과 술을 섞는 경우가 많다.

6 흐름에 거스르지 않게 바 스푼을 가볍게 뺀다.

3 볼록한 부분을 타고 흐르도록 차분하게 따른다. 비중이 무거운 것에서부터 가벼운 것으로 순서대로 반복한다.

053

칵테일의 기본 동작

✦ **칵테일의 맛을 지탱하는 바텐더의 동작**

선반에서 보틀을 뽑아든다. 능숙하고 가볍게 뚜껑을 연다. 술이 흐르듯 글라스에 떨어진다. 너무나도 자연스러운 움직임이지만 신경 써서 일거수일투족에 주의한다. 결코 화려하지는 않지만 바텐더에게는 요소요소의 급소를 누르는, 평범한 듯 보이지만 숙련이 필요한 동작이 있다.

바텐더의 일이란 맛있는 칵테일을 제공하는 것이지만, 그렇게 하기 위해서는 얼마나 맛있어 보이게 하는지도 중요하다. 그러므로 칵테일의 맛 외에도 사소한 작업까지 연구해야 한다. 우아한 흐름을 탄 작업인가, 청결감이 있는가 없는가 등을 늘 염두에 두고 기초를 쌓아야 한다.

하지만 이는 자신이 멋있어 보이기 위함이 아니라 어디까지나 손님이 맛있게 느끼도록 하기 위한 하나의 요소라고 생각한다. 이것이 손님의 주목을 한몸에 받으며 카운터에 선 프로와 홈 바에서 칵테일을 만드는 개인의 큰 차이 중 하나이다.

프로의 일 ✦

여기서는 기본적인 지거의 사용법부터 설명하겠지만, 본래 프로 바텐더라면 지거를 사용하지 않고도 계량이 가능하게끔 훈련하는 게 당연하겠다. 바에서 사용하는 지거는 30ml와 45ml가 있는 것이 가장 일반적이라 어중간한 10ml, 20ml를 계량하려면 결국 눈대중으로 해야 한다. 30ml를 딱 맞게 계량하려 할 때도 넘치기 직전까지 따른 경우와 가득 차기 직전에 멈춘 경우는 양이 달라진다.

여러 잔을 한 번에 만들 때도 150ml를 계량하기 위해 30ml를 5번 반복하지 않으면 안 된다. 한 동작에서 생기는 오차의 5배를 생각하면, 일정한 두께로 따라서 시간으로 끊는 방법으로 정확히 계량하는 훈련을 익힌 쪽이 훨씬 정확하다.

자신의 감각을 잘 갈고닦는 것은 분량에만 국한된 이야기는 아니다. 이것이 프로의 일이다. 분량을 정확히 계량할 수 있게 되어서야 처음으로 손님의 취향에 맞춘 미묘한 맛의 표현이 가능하게 된다.

Cocktail Basics
보틀을 잡는 법

라벨이 보이게끔 아래에서 1/3 정도를 오른손으로 잡는다. 이유는 다음과 같다.

1 손목을 자유롭게 쓸 수 있는 위치이다.
2 위쪽을 잡으면 스마트해 보이지 않는다. 이 위치가 가장 예쁘게 보이며 안정감이 있다.
3 병의 입구에서 술이 흘러내리면 라벨에 묻을 수 있으므로 더럽히지 않기 위해 라벨을 위로 향한다.

나쁜 예

아래의 1/3 부분을 잡는다. 따를 때 라벨이 위를 보게 한다 이렇게 하면 술에 의해 라벨이 더러워질 일은 없다.

정확한 위치를 잡고 따르면 손목을 자유롭게 쓸 수 있고 스마트해 보인다.

1 병 입구에 가까운 곳을 잡으면 스마트하지 않고 손이 더러워질 가능성이 있어서 청결하지 않다.

2 라벨의 위쪽을 잡으면 손목을 자유롭게 사용할 수 없다.

따를 때 라벨을 손님이 보이는 방향으로 해도 좋다. 하지만 안정감은 위를 향하는 편이 더 좋다.

3 사진과 같이 라벨을 아래로 향하게 하면 술이 입구를 타고 흐르면서 라벨이 더러워질 수 있다.

Cocktail Basics
마개를 여는 법

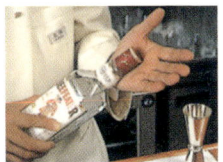

1 손바닥의 엄지 밑 부분 근처로 마개를 쥔다.

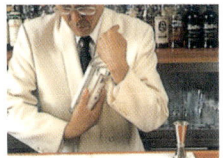

2 양손을 안쪽으로 말아 넣은 듯한 자세를 취한다. 라벨 밑의 1/3 부분을 잡지 않으면 이런 자세를 편하게 하기 쉽지 않다.

3 말아 넣은 손을 되돌려서 캡을 분리한다. 기본적으로 한 번의 동작으로 빼낸다. 한 번에 안 빠질 경우 두 번 정도로 한다. 캡을 닫을 때는 역순으로 한다.

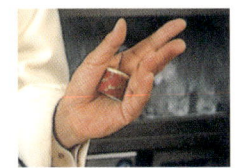

4 분리된 보틀 캡은 아래에 두지 말고 손가락을 자유롭게 쓸 수 있도록 사진과 같이 왼손 바닥에 끼워진 채로 둔다. 캡을 아래에 두면 일의 흐름이 멈춰 버리고 깔끔해 보이지 않는다. 캡을 닫을 때까지 왼손에 끼워진 채로 작업한다.

Cocktail Basics
술의 계량법

1 프리 푸어링 연습

빈 병에 물을 채우고 일정한 두께로 술(액체)을 따르는 연습부터 시작한다. 자신이 정한 두께를 두 종류 정도 정해서 몸에 익혀 상황에 맞게 컨트롤할 수 있게 해 둔다.

메스실린더(눈금 당 5ml)를 준비하여 앞서서 정한 일정한 굵기를 일정한 시간으로 끊는 감각을 익혀서 일정한 분량을 계량하는 연습을 한다. 10ml, 15ml, 20ml, 30ml, 45ml의 5종 정도는 확실히 계량할 수 있게 한다.
연습할 때 30ml를 계량했다면 다음은 15ml처럼 다른 분량을 교대로 계량하도록 한다. 같은 양을 반복하면 이전의 감각을 조절하는 작업이 되어버려서 정확한 분량을 한 번에 확실히 계량하는 연습은 되지 않는다. 제로에서 한 번에 승부를!

2 지거 잡는 법

지거는 45ml와 30ml를 합쳐 놓은 것이 가장 일반적이다. 지거의 계량부를 바꿀 경우에는 검지와 중지로 지거를 회전시켜서 엄지와 중지로 위와 아래를 받쳐준다. 부드러운 동작으로 다룰 수 있게 연습한다.

1 보틀 캡을 왼손에 잡은 상태로 엄지, 중지, 검지로 잡는다.

2 검지와 중지로 지거를 회전시킨다. 약지로 받쳐주어서 검지, 중지, 약지로 잡는다.

3 지거로 계량하기

술을 따를 때 보틀에서 지거로, 지거에서 셰이커(본래는 글라스에 따를 때만 지거를 사용)로의 술의 흐름이 일직선이 되도록 한다. 또한 술은 폭포처럼 지거에 다 따른 순간부터 셰이커에 옮겨 담도록 하여 흐름을 멈추지 않는다.
프로 바텐더라면 지거를 사용하지 않고 프리 푸어링으로 계량하는 훈련을 하길 바란다.

1 바틀이 향한 방향과 지거, 셰이커가 일직선이 되도록 자세를 잡고 술을 따른다. 지거는 셰이커 바로 옆에 둔다.

2 원하는 양을 다 따른 순간 손목을 바깥쪽으로 되돌리듯 자세를 취하여 셰이커에 술을 넣는다.

Cocktail Basics

얼음을 쪼개는 법

1 아이스픽을 잡는 법

얼음에는 반드시 결이 있다. 결에 따라서 쪼개면 깔끔하게 쪼개어지므로 결을 읽는 법이 굉장히 중요하다. 가급적 이 결에 따라 얼음을 쪼개도록 한다.
필요한 도구는 아이스픽 1개이다.

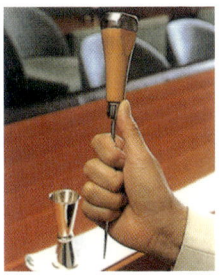

1 엄지를 지지대로 사용하여 확실하게 쥔다.

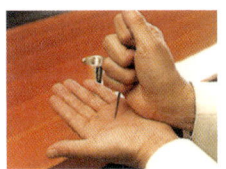

2 사진과 같이 양손을 맞부딪혔을 때에 손바닥을 찌르지 않을 만큼의 길이로 아이스픽을 잡는다. 바르게 잡지 않으면 다치게 되므로 주의한다.

2 쪼갠 얼음을 만드는 법

얼음은 가장자리부터 쪼개는 것이 아니라 절반씩 쪼개어 가면서 작은 정방형을 만들어 간다. 아이스 픽은 얼음에 수직으로 찌른다.

1 얼음이 크고 결 방향에 수직으로 쪼갤 때는 한 번에 강하게 찌르면 결 방향으로 쪼개져 버리므로 절반 정도 부근에 일직선을 긋듯이 몇 군데를 가볍게 찔러둔다.

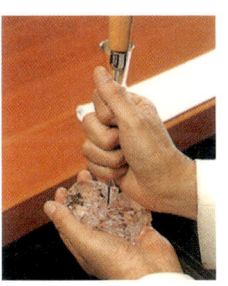

2 중앙부를 찔러서 쪼갠다.

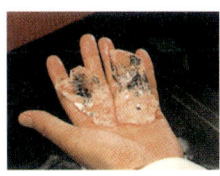

3 쪼개진 얼음. 이렇게 절반씩 쪼개면서 정방형을 노려서 쪼개어 간다.

4 쪼갠 얼음은 큐브 아이스(제빙기 얼음)와 같이 아이스 싱크에 넣어 준비해 둔다.

3 아이스 볼 만드는 법

글라스에 딱 맞는 사이즈의 얼음을 만든다. 포인트는 아이스픽으로 잘게 잘게 깎아 나가는 것. 한 번에 크게 쪼개면 깔끔한 구형이 나오지 않는다.

1 큰 얼음을 준비한다.

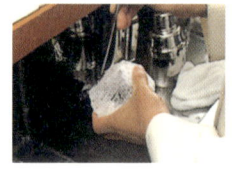

5 원을 아랫면으로 하는 원주형을 만들듯이 깎아 나간다.

8 전체를 둥글게 마무리한다.

2 우선 만들고 싶은 크기의 구형 직경 정도의 입방체를 만든다. 아이스픽의 손잡이 부분을 이용하여 대강의 크기로 쪼갠다.

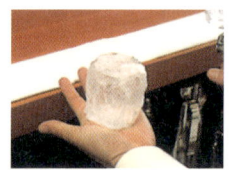

6 원주형으로 깎은 상태의 얼음.

9 일단 물로 한 번 씻어내서 각과 잔 얼음을 털어내고 거름채나 망 등 물 빠짐이 있는 용기로 물을 털어내어 냉동고에 하룻밤 보관해서 단단하게 얼려둔다.

3 입방체를 만들었으면 자신의 이미지대로 원을 그린다.

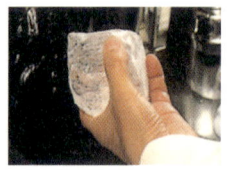

7 옆으로 바꿔 잡아서 각을 없애며 구형으로 깎는다. 글라스 안에서 안정적으로 있을 수 있도록 밑부분은 살짝 평면을 남겨둔다.

10 사용할 때는 표면이 녹기 쉬우므로 물로 씻어내지 않고 그대로 사용한다.

4 원에 따라 각을 없애간다.

Cocktail Basics 🍸
레몬 필의 순서

레몬 특유의 향기를 칵테일에 곁들이고 싶을 때 사용하는 방법. 레몬 껍질에는 두 종류의 성분이 있다. 쓴맛이 나는 성분은 직선으로 나오고 향기 성분은 안개처럼 떠다닌다. 이 안개 상태의 향기만을 칵테일에 이용한다.

1 레몬 껍질을 엄지손가락 정도의 크기로 잘라낸다.

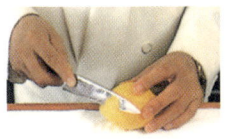

2 가운데 쪽은 두껍게 해서 흰 부분을 남겨두고 가장자리는 얇게 한다. 휘기 쉽게 하기 위함이다.

3 얇은 가장자리 부분을 엄지와 중지로 잡는다.

4 검지로 가운데 부분을 누르듯이 해서 부러지지 않게 접듯이 휘어서 향기가 감돌게 한다.

• 레몬 필의 위치

레몬의 쓴맛 성분은 직선으로 떨어지므로 글라스 위쪽에서 레몬 필을 해서는 안 된다. 글라스의 바닥 부분에서 45도, 글라스의 가장자리에서 10~15cm 떨어진 위치에서 행한다. 이렇게 하면 쓴맛 성분은 글라스에 들어가지 않고 바닥으로 떨어지고 향기 성분만 떠다녀 칵테일에 산뜻한 향기를 전해줄 수 있다.

Cocktail Basics 🍸
글라스를 잡는 법

차게 해둔 술이 미지근해지지 않도록 밑부분이나 스템을 잡는 습관을 들인다. 손 전체로 밀착되게 잡아서는 안 된다. 또한 입에 닿는 부위를 잡는 건 최악이므로 조심해야 한다.

Cocktail Basics
글라스를 닦는 법

중성세제로 세척한 뒤, 뜨거운 물에 담가 글라스가 뜨거워지면 건져내어 젖어있는 상태에서 닦는다. 토션(60~70cm 길이의 마 혼방의 면 제품이 좋다)을 준비해서 가능하면 ①물기를 닦는다 ②광을 낸다의 두 단계로 나누어 실행하면 좋다. 광을 낼 때는 힘을 주지 말고, 수분을 너무 흡수해버린 천을 사용하면 파손되기 쉬우므로 주의하자.

  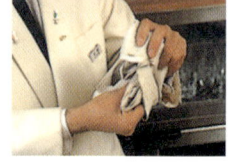

1 토션은 왼손의 엄지에 확실히 걸어서 잡는다.

3 엄지는 컵의 안쪽, 다른 손가락은 컵 바깥쪽에 두고 닦는다. 힘을 뺀 채로 안과 밖을 동시에 닦는다.

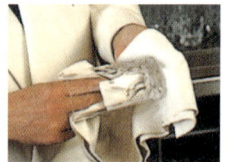

2 왼손으로 컵의 밑부분을 확실하게 잡고 토션을 글라스의 아랫부분까지 찔러 넣는다.

Cocktail Basics
그라데이션

아래쪽으로 비중이 무거운 재료를 차분하게 떨어뜨리는 것으로써 가라앉은 부분의 짙은 색으로부터 점차 색이 옅어지는 윗부분까지 그라데이션이 생긴다. 색의 아름다움을 표현하는 한 가지 방법이므로 눈으로 즐기고 나면 머들러로 섞어서 맛을 균일하게 하여 마시는 방법이 일반적이다.
여기서는 체리브랜디를 가라앉힌 「싱가폴 슬링」을 소개하였으나 그 외에 그레나딘 시럽을 사용한 「테킬라 선라이즈」도 유명하다.

얇게 조용히 떨어트린다. 「싱가포르 슬링」은 진을 베이스로 한 셰이크로 만드는 롱 드링크로서 그라데이션에 의해 체리브랜디의 아름다움이 두드러진다.

Cocktail Basics
스노우 스타일

소금이나 설탕 등을 글라스의 테두리에 묻혀서 장식하는 스타일로써 외형의 아름다움은 물론 직접 입에 닿아 맛에도 영향을 주므로 가급적 균일한 두께로 소금이나 설탕을 묻히는 것이 중요하다.

스노우 스타일은 「솔티 독」, 「마가리타」, 「키스 오브 파이어」, 「유키구니」 등 여러 가지 타입의 칵테일이 있다. 글라스의 형태가 바뀌더라도 기본적인 방법은 같다.

1 글라스의 가장자리가 충분히 들어갈 만한 납작한 접시에 얇게 깐 소금과 횡으로 자른 라임을 준비한다. 습기가 남으면 굳어버리기 쉬우므로 소금은 정기적으로 교체한다.

3 사진처럼 글라스를 들어 올려서는 안 된다. 이렇게 해버리면 모처럼 일정한 폭으로 발라 놓은 과즙이 흘러내리며 울렁거리는 모양이 되어버려서 소금이 균일하고 이쁘게 달라붙지 않는다.

5 손가락으로 가볍게 글라스를 두드려서 여분의 소금을 털어낸다. 스노우 스타일 완성. 소금을 설탕으로 바꾸면 설탕 스노우 스타일이 된다.

2 글라스의 가장자리를 라임 단면에 45도의 각도로 닿게 하여 이 각도를 유지하면서 1회전 시켜 가장자리를 적신다. 이 각도를 유지하며 1회전 시켜서 글라스의 가장자리를 적신다.

4 거꾸로 든 채로 글라스의 가장자리가 소금에 닿게 한다.

Cocktail Basics
코랄 스타일

스노우 스타일에 색을 더하고 폭을 넓힌 베리에이션 스타일로써 산호초를 이미지화했다. 「시티 코랄」 이외에 「코스믹 코랄」, 「캐스터리 코랄」 등 전부 두문자 C로 시작하는 칵테일명을 붙여 C&C 시리즈로 제작한 오리지널 칵테일 4부작에 채용한 기법이다.

1 깊이가 어느 정도 있는 용기에 소금과 블루 큐라소를 준비한다. 소금은 만들고 싶은 코랄 스타일의 폭 깊이만큼 넣어둔다. 블루 큐라소는 절반 정도의 깊이가 필요하다.

3 글라스가 위를 향하지 않게 주의하며 거꾸로 든 채로 소금이 담긴 용기의 가운데 직선으로 담근다.

2 글라스를 거꾸로 해서 블루 큐라소에 담근다.

4 똑바로 위로 빼내서 내부에 묻어있는 소금을 제거한다. 코랄 스타일의 완성. 블루 큐라소를 멜론 리큐어나 그레나딘 시럽으로 바꾸면 다른 색의 코랄 스타일이 된다.

Cocktail Basics
과일 커팅

1 레몬, 라임

1 끝부분을 잘라낸다.

2 위에서 아래로 2등분한 뒤 반쪽을 다시 3등분하여 웨지 형태로 만든다.

3 중심의 흰 부분을 잘라내어 면을 다듬는다.

4 레몬의 양 끝을 안쪽으로 비스듬히 잘라둔다.

5 6등분 해서 모양을 잡아 놓은 레몬(오른쪽)

6 노란 껍질 부분을 얇게 남기듯 2/3 정도 칼을 넣어 자른다.

나쁜 예

1 껍질을 두껍게 남겨서는 안 된다.

2 왜냐하면 손님이 직접 레몬의 양단을 눌러 레몬주스를 짤 때 사진처럼 과육 부분이 떨어져나가버려 짜기 힘들어지기 때문이다.

2 오렌지

1 4등분한 뒤 반달 모양으로 자른다.

2 반달 모양의 잘린 부위와 평행하게 반쯤까지 칼집을 넣어 글라스 가장자리에 걸친다.

3 또는 과육에 비스듬하게 칼집을 넣어 글라스의 가장자리에 장식해도 좋다.

화이트 스피릿

✦ **경쾌한 화이트 스피릿의 매력**

주세법 상의 분류는 다르지만 제조법으로 분류하면 술은 크게 증류주와 양조주, 혼성주로 나눌 수 있다. 화이트 스피릿은 진, 보드카, 럼, 테킬라로 대표되는 무색투명의 증류주이다. 이 4종은 칵테일의 베이스로 자주 사용되는 술로서, 외관상으로는 같지만 향과 맛은 완전히 달라서 4인 4색의 독자적인 개성을 드러낸다. 개성이 강한 순으로 나열하면 ①테킬라 ②진 ③럼 그리고 전혀 특징 없는 것이 오히려 개성이 되는 ④보드카가 되겠다.

각각의 술에는 몇 가지의 타입, 상표가 있다. 예를 들면 같은 진이라도 상표에 따라 맛이나 향, 알코올 도수가 다르다. 그렇게 되면 당연히 완성되는 칵테일의 맛도 달라지게 된다. 재료의 선택은 타인에게 맡기지 말고 실제로 자신이 전부 사용해 본 뒤에 적합한 스피릿을 고르기 바란다.

나는 셰이크, 스터와 빌드, 스트레이트의 3가지 방식의 음용법에 맞는 브랜드를 준비해 두는데 여기서는 셰이크에 적합한 화이트 스피릿을 중심으로 이야기를 진행하겠다.

하드 셰이크를 위한 화이트 스피릿 ✦

화이트 스피릿은 과즙과의 상성이 매우 좋다. 그러나 대체로 과즙은 스피릿과 잘 섞이지 않는 특징을 가지고 있다. 따라서 과즙을 사용한 칵테일은 섞임 정도가 우수한 하드 셰이크의 장점이 살아나게 된다. 여기서는 하드 셰이크에 어울리는 것을 전제로 내가 가게에서 사용하고 있는 화이트 스피릿에 대한 이야기를 풀어나가겠다.

진

일반적으로 진은 조합되는 술을 고르지 않는 특징이 있어서 폭넓은 상성을 가진다. 그렇기 때문에 진은 칵테일에 가장 많이 사용되는 화이트 스피릿이다. 그렇다고 결코 개성이 없는 것은 아니다. 보리, 호밀 등의 곡물을 주원료로 하여 증류한 뒤 주니퍼베리 및 여러 가지 재료와 함께 재증류하면서 만들어지는 특유의 상쾌한 향을 가지고 있어서 자기주장이 확실한 스피릿이다.

    나는 셰이킹을 할 때 고든을 사용하고 있다. 진 다운 맛과 향을 가지고 있으면서 허리가 강하기 때문이다.* 강하면서도 소박한 진을 하드 셰이크로 화려하게 피어나게 하고 싶다.

    참고로 스터와 빌드에는 샤프하면서도 도시적인 비피터를 애용하고 있다.

---

* 물리력을 가해도 특성을 잃지 않는다는 의미이다.

보드카

 허리가 강하다는 관점에서 나는 보드카 중에서도 스미노프 레드라벨 (40도)을 사용하고 있다. 알코올 도수가 더 높은 녀석도 있지만, 레드라벨이라면 칵테일을 만들어도 충분히 알코올다움이 남게 된다.

 보드카는 곡물을 주원료로 하는 증류주로서 자작나무 숯으로 걸러져 개성이 없기에 무엇이든 어울리지만, 특히 생과와의 상성이 좋은 특징을 가지고 있다. 과일을 방해하지 않으면서 자기 자신이 가지고 있는 강한 알코올로 섬세한 맛과 향을 끌어올려준다. 또한 리큐어와 조합하게 되면 그 리큐어의 장점을 더욱 끌어내 주는 것도 보드카의 매력이다.

 보드카는 단맛을 증폭시키는 힘도 있어서 리큐어와 조합할 때는 리큐어를 살짝 적게 넣는 느낌으로 사용한다. 예를 들면 똑같이 쿠앵트로와 레몬주스를 사용하는 진 베이스의 화이트 레이디와 보드카 베이스의 발랄라이카에 쓰이는 쿠앵트로의 분량을 비교하면 발랄라이카에 1~2ml 적게 넣는다. 자기주장을 하지는 않지만 밑에서부터 탄탄하게 받쳐주는 강한 조력자, 보드카는 그야말로 베이스다운 스피릿이다.

럼

 럼은 사탕수수를 원료로 하는 증류주로서 화이트 스피릿에 속하는 종류와 브라운 스피릿에 속하는 종류가 있다. 색을 보면 알 수 있듯이 무색투명한 것과 나무통에 숙성을 해서 황금색이나 갈색으로 색이 입혀진 것으로 나뉜다.

    색으로 분류하면 쿠바와 푸에르토리코 타입의 화이트, 옛 프랑스령의 식민지에서 볼 수 있는 골드, 자메이카 타입 다크의 3종류로 나눌 수 있고, 맛으로써의 분류는 라이트와 미디엄과 헤비로 일컬어진다. 맛과 색의 구분은 반드시 같은 것은 아니지만 화이트 스피릿만은 라이트와 같은 의미를 가진다. 나는 바카디를 주로 사용하고 있다. 바카디는 칵테일용으로 가장 인기 있는 브랜드이다. 애초에 라이트럼이라고 부르는 제품을 최초로 만든 것도 쿠바에 공장을 가진 바카디 사(社)이다.

    럼도 상대를 고르지 않는 스피릿이지만 칵테일에 사용하면 뒷맛이 인상적이어서 잔잔히 남는 존재감이 있다.

테킬라

'아가베 아즐 테킬라나'라는 품종의 용설란(龍舌蘭)을 원료로 하는 스피릿으로서 네 가지의 화이트 스피릿 중에서도 가장 개성이 강한 술이다. 그중에서도 사우자는 테킬라 본래의 맛을 가진 가장 테킬라다운 브랜드이며, 맛의 볼륨도 하드 셰이크에 매우 적합하다.

    테킬라도 럼과 같이 통에 넣고 숙성시키는 수수한 황색이 나는 타입도 있다. 숙성기간이 2개월 이상인 것을 레포사도, 1년 이상인 것을 아네호라고 부르는데, 아네호는 숙성통의 향미가 남아 맛에 깊이가 있지만 대신 테킬라 특유의 향과 강함은 줄어들어 버린다.

브라운 스피릿

◆ 칵테일의 진수 브라운 스피릿

위스키나 브랜디 등으로 대표되는 브라운 스피릿은 독특한 향과 맛을 가지고 있어 그 자체만으로도 충분히 즐길 수 있는 장르의 술이다. 이 개성적인 술을 칵테일에 어떻게 활용할 수 있을까? 브라운 스피릿 베이스의 칵테일 중에서도 다른 제법에 비해 특히 어려운 셰이킹 칵테일에서의 사용법을 생각해 보자.

브라운 스피릿은 통숙성을 거치면서 호박색을 띠게 된 증류주의 총칭으로, 숙성에 의한 독특한 그을린 향이 특징이다. 일반적으로 칵테일에 쓰이는 것은 위스키, 브랜디, 다크 럼의 3종류이지만 각각 주원료와 제조 공정의 차이에 따라 또다시 몇 가지 장르로 나눌 수 있다. 위스키는 스카치, 아이리시, 버번, 캐나디안(라이), 재패니즈가 있고, 브랜디는 포도 브랜디(코냑, 알마냑), 프룻 브랜디(투명한 것은 제외)가 있다.

이렇게 종류가 많고 넓게 음용되고 있음에도 불구하고 왜 브라운 스피릿을 사용한 칵테일의 종류는 화이트 스피릿을 사용한 것보다 훨씬 적을까? 칵테일 제조에는 사용하는 술 이상의 맛을 끌어내야 한다는 전제가 있다. 브라운 스피릿은 그 자체로 완성되어 있는 술이기도 하거니와 그 이상의 장점을 끌어내기란 굉장히 어려운 작업이다. 하지만 그러하기에 더더욱 칵테일을 만드는 의미, 본질과 통하는 부분이 있다. 그런 의미에 있어서 브라운 스피릿 칵테일은 칵테일 메이킹의 진수라고도 할 수 있다.

스카치 위스키의 독특한 맛 ✦

스카치는 스코틀랜드산 위스키로서 보리 맥아로 만드는 몰트, 보리 맥아와 곡물류로 만드는 그레인, 몰트와 그레인을 블렌드 해서 만든 블렌디드의 3종이 있다. 현재 주류를 이루는 것은 블렌디드 위스키(이하 스카치로 한다)로서, 개성이 강한 몰트에 그레인 위스키를 블렌딩하여 부드럽고 마시기 편하게 만들었다. 이처럼 블렌딩된 술을 하드 셰이크로 일단 따로 따로 흐트러뜨린 뒤 다시 맛을 구축하는 것은 꽤나 어려운 일이다. 또한 스카치를 셰이크 하면 본래 존재하지 않던 떫은맛이 나오게 되며, 이 떫은맛이 칵테일의 맛을 방해한다. 따라서 셰이크보다는 오히려 스터나 빌드 쪽이 무난한 선택이라 할 수 있다.

오리지널 칵테일인 킹스 밸리는 스카치 위스키와 쿠앵트로, 라임주스, 블루 큐라소로 만드는 칵테일이다. 이 칵테일에는 화이트&맥케이와 올드파 2종의 스카치를 상황에 따라 나눠서 사용하고 있다.

화이트&맥케이의 경우 스카치 특유의 풍미가 옅은 탓인지 떫은맛이 없고 마시기 편한 칵테일이 된다. 올드파의 경우는 보다 더 스카치다운 맛을 가졌음에도 떫은맛이 적은 술이므로 본래의 위스키 베이스 칵테일다운 맛이 확실히 남는다. 스카치를 좋아하는 손님에게는 올드파로 만들어 드리고 있다.

같은 스카치더라도 싱글몰트는 보리 맥아만을 원료로 사용하고 제조 방법도 다르다. 따라서 블렌디드보다 칵테일에 더 적합할지도 모르지만, 굉장히 고가이므로 그대로 마시는 편이 좋겠다.

✦ 버번의 매력

위스키 중에서 가장 하드 셰이크에 적합한 것은 살짝 진흙 냄새가 날 정도로 허리가 강한 버번이다. 그중에서도 허리 힘 No.1을 자랑하는 것은 올드 그랑 대드이다. 하지만 최근 바틀 모양이 바뀌어 다루기 어렵게 되어서 현재는 빔스 초이스 8년도 병용하고 있다.

위스키 사워나 뉴욕과 같은 위스키 베이스 칵테일에는 버번이 정말 잘 어울린다. 버번에만 국한된 것이 아니라 브라운 스피릿을 사용한 칵테일을 맛있게 만드는 포인트는 레몬이나 라임의 산미와 시럽 등의 감미 밸런스로 위스키의 과한 특성을 적절히 가리는 것이다.

✦ 그레이프 브랜디와 애플 브랜디

그레이프 브랜디는 코냑과 알마냑이 주류이지만 그중에서도 나는 하드 셰이크에 적합하고 허리가 강한 헤네시 V.S.(코냑)를 사용하고 있다. V.S.O.P. 등과 같이 향이 풍부하면 풍부할수록 허리가 약해지는 경향이 있다. 하지만 스터에는 화사한 향의 V.S.O.P.를 사용하고 있다.

브라운 스피릿의 포도를 제외한 과일 브랜디 중에서 칵테일에 쓰이는 대표적인 술은 사과 과즙을 발효시켜 만든 시드르를 증류시킨 애플 브랜디이다. 라임주스와 그레나딘으로 만드는 잭로즈는 오리지널 레시피에는 애플잭이라는 미국산 애플 브랜디가 지정되어 있으나 나는 향이 진한 노르망디산 칼바도스를 사용한다. 그레나딘 시럽의 분량을 줄이고 슈거 시럽으로 단맛을 보충해서 감미와 산미의 밸런스를 잡아 상쾌한 다이키리 타입으로 만들고 있다.

다크 럼을 마시는 법 ✦

다크 럼은 당밀로 만든 럼을 통에서 숙성시킨 것으로 짙은 당밀색을 머금은 묵직한 풍미를 가진다. 일반적으로 자메이카 럼으로 알려진 마이어스가 유명하며, 온더록스 등 그대로 마시는 경우가 많은 술이다. 또한 핫 버터드 럼이나 핫 럼 카우와 같이 핫 칵테일의 재료로 사용되는 것도 다크 럼의 특징이다.

✦ 위스키의 종류와 칵테일의 상성

S=스카치, I=아이리시, B=버번, C=캐나디안, J=재패니즈
○=잘 어울림, △=허용범위 이내, ×=안 어울림

칵테일명	S	I	B	C	J	비고
맨해튼	×	×	△	○	×	라이 위스키가 어울린다(캐나디안은 라이가 주원료).
롭 로이	○	×	×	×	×	별칭이 「스카치 맨해튼」. 맨해튼의 스카치 버전.
위스키 사워	△	△	○	△	△	미국에서는 버번, 유럽에서는 스카치가 사용된다.
뉴욕	×	×	○	△	×	네이밍부터 버번임을 알 수 있다.
올드 패션드	△	△	○	△	△	캐나디안을 사용하는 레시피도 있다.
아이리시 커피	×	○	×	×	×	이름 그대로 아이리시가 원칙이다.
갓파더	○	△	△	△	△	러스티 네일의 어레인지이므로 스카치를 쓴다. 캐나디안도 마시기 편하다.
러스티 네일	○	△	×	△	△	스카치를 베이스로 하는 드람뷔의 믹싱이기 때문이다.
민트줄렙	×	×	○	×	×	켄터키에서 탄생한 칵테일.
포리브스 클로버	×	×	×	×	○	산토리 주최 콩쿠르 우승 작품.
킹스 밸리	○	×	×	×	×	스카치 위스키 협회 주관 콩쿠르 입상 작품.
문리버	×	×	○	×	×	영화 '티파니에서 아침을'의 주제가를 이미지화한 칵테일.

스카치는 스코틀랜드산 위스키로서
보리 맥아로 만드는 몰트, 보리 맥아와 곡물류로 만드는
그레인, 몰트와 그레인을 블렌드 해서 만든
블렌디드의 3종이 있다.

리큐어

✦ 리큐어의 매력

 몇 년 전부터 일본 칵테일 대회에서 리큐어 베이스의 칵테일 또는 스피릿의 분량을 1/3까지 줄여서 그만큼 리큐어의 분량이 많아지는 작품들이 눈에 띈다. 다만 리큐어의 끈적한 단맛이 아닌 과즙을 섞어 단맛을 억제해 깔끔하게 마무리한 것들이다. 또한 요즘 젊은 여성들에게 인기인 디타라는 리치 리큐어도 있다. 향이 강한 디타에는 감귤계 과즙이 잘 어울리는데, 이런 요소들을 생각해 보면 최근 칵테일의 유행은 로우 알코올을 지향하는 듯하다.
 지금까지는 로우 알코올 주문을 받으면 리큐어로 달게 만들어도 괜찮았지만, 최근의 추세인 단맛을 줄인 저알코올 칵테일이라는 주문은 바텐더를 곤혹스럽게 만들기도 한다. 이러한 경향에 따라 끈적한 단맛의 리큐어가 아닌, 대표적으로 피치트리 같은 향이 강한 타입의 리큐어가 각광받고 있다.
 스타일로 얘기하자면 화이트 스피릿을 베이스로 스트로베리나 아프리콧, 리치, 수박 등의 향미를 가진, 색이 클리어 한 리큐어에 감귤계의 주스를 섞어 셰이크락(셰이크 한 뒤 온더록스 스타일로 제공하는 타입)으로 만드는 건강한 느낌의 칵테일이 주목받고 있다.
 리큐어는 예로부터 베네딕틴이나 샤르트뢰즈와

같은 약주로 음용되어온 역사가 있다. 로우 알코올이 대부분인 요즘이지만 농후한 리큐어를 작은 글라스에 따라서 식후에 스트레이트로 천천히 마시는 것도 또 하나의 즐거움이지 않을까? 또한 탄산수를 넣으면 식전주로도 적합하다.

리큐어의 정의와 제조 방법 ✦

현재 리큐어는 세계 각국에서 생산된다. 일본에서 만든 그린티 리큐어나 미도리, 벚꽃 등 고유의 리큐어도 여러 나라에서 사랑받고 있다. 하지만 리큐어에 대한 세계 공통의 정의라고 하는 것은 딱히 없다.

  가장 일반적인 리큐어를 간단히 설명하면 '증류주에 향미 성분을 각각의 방식으로 더하여 감미료와 착색료를 첨가한 것.' 정도가 되겠다. 다만 일본에서는 분류상 혼성주에 속하는데, 혼성주에는 증류주로 만든 리큐어만이 아니라 베르무트와 같이 양조주로 만드는 와인의 한 종류도 포함되어 있다.

  리큐어의 제조 방법을 조금 더 자세히 설명해 보면, 리큐어를 만드는 토대가 되는 스피릿은 중성 스피릿*이 제일 많고 종류에 따라 화이트 스피릿, 브라운 스피릿을 사용하는 경우도 있다. 여기에 향미 성분을 첨가하는 것이다. 향미 성분의 원료는 ①허브, 스파이스 계열 ②과일 계열 ③너츠, 종자, 핵 계열 ④특수 계열의 네 종류로 분류된다.

---

* 원료와 관계없이 알코올 농도 95도 이상으로 증류된, 말하자면 알코올이다.

첨가방식도 크게 나누면 증류 방식, 침지 방식, 에센스 방식의 3종류가 있다. 즉, 토대가 되는 스피릿에 향미 성분을 더하여 증류하는 방식, 스피릿에 향미 성분을 재워두는 방식, 그 밖에 농축된 향미의 에센스를 더하는 방식이다. 향미 성분을 더한 액체에 감미료나 착색료, 경우에 따라서 물을 첨가하면 리큐어가 완성된다.

✦ **리큐어의 특징**

감미가 있는 독특한 맛, 색, 향이 리큐어의 특징이다. 특히 아름다운 색은 칵테일 맛의 한 요소이므로 굉장히 중요하다. 또한 감미가 첨가되어 있어서 슈거 시럽 등 감미료의 대역을 맡는 경우도 있다.

참고로 리큐어에는 '크렘 드'라는 타입이 있다. 이것은 진액의 분량이 알코올 분량보다 많은 제품에 붙는 호칭이다. 그러나 기준 수치가 엄밀하게 정해져 있지 않다 보니 꽤나 모호하다.

✦ **리큐어의 선택**

수많은 종류의 리큐어를 모두 구비하는 것은 어려운 일이다. 따라서 우선 가게의 칵테일 구성에 필요한 것만 구비하자. 같은 종류의 리큐어도 회사 브랜드별로 여러 개가 나오기도 한다. 어떤 걸 선택해야 할지 망설여질 때도 있다. 이것은 결국 취향의 문제이지만, 나의 경우에는 한 가지 상품으로 유명한 단일 메이커의 물건을 선택하는 경우가 많다. 예를 들어 화이트 큐라소는 쿠앵트로, 오렌지 큐라소는 그랑마니에르를 쓴다. 물론 통합 메이커의 리큐어에도 훌륭한 제품이 많이 있어서 그것들도 다수 이용하고 있다.

어떤 리큐어든 기본적인 선택 기준은 맛과 색이다. 특히 오리지널 칵테일에는 브랜드 지정이 아니고서는 표현할 수 없는 맛과 색이 있다. 그 외에 개봉 후의 풍미 유지 기간도 선택에 중요한 요소가 된다. 스피릿류와 비교하면 사용량이 적기 때문이다. 원래 투명한 리큐어가 빠르면 두 달 만에 탁해지기 시작하는 경우도 있다. 칵테일은 색이 생명이기도 하므로 수시로 확인하지 않으면 안 된다. 또한 당도가 있으므로 병 입구는 자주 닦아두자.

칵테일 메이킹의 도구

✦ 셰이커가 먼저일까? 믹싱 글라스가 먼저일까?

얼음을 사용한 칵테일은 미국이 발상지로 알려져 있다. 이는 1878년 린데의 제빙기 발명에 의한 것인데, 그렇다면 대체 셰이크와 스터는 어느 쪽이 먼저 탄생했을까? 『사보이 칵테일 북』(영국 사보이 호텔이 공개한 레시피집)의 초판에는 마티니를 만들 때 셰이크를 하도록 되어 있다. 그런데 그 후 몇 번째인가 개정된 버전에서는 스터로 바뀐 것을 볼 수 있다.

"보드카 마티니, 셰이큰 낫 스터드(Vodka martini, shaken not stirred)." 영화 '007' 시리즈에서 제임스 본드가 마티니를 주문하면서 내뱉는 대사이다. 그러고 보면 보기에는 단순하게 생각되는 믹싱 글라스가 셰이커보다 오히려 나중에 개발된 도구일지도 모른다. 혹은 셰이크를 보다 더 간단하게 만들기 위해 고안한 기술이 스터일지도 모르는 일이다.

✦ 셰이커의 종류와 역할

셰이커를 크게 나누면, 스트레이너가 셰이커 안쪽에 내장되어 있는 타입(스트레이너 내장형)과 스트레이너가 안쪽에 없는 타입(별도 스트레이너 사용형)으로 나눌 수 있다. 일본에서는 스트레이너 내장형이 주류를 이룬다. 반면 영미권에서는 별도 스트레이너 사용형이 주류이다. 이 별도 스트레이너 사용형 중 하나로 보스턴 셰이커가 있는데, 글라스 위에 이보다 살짝 큰 글라스를 씌우는 형태로 되어 있다.

　애초에 두 개의 글라스를 결합시켜 흔든 것이 셰이커의 시작이다. 여기에 액체를 따르기 쉽게 스트레이너를 달아서 진화해 온 게 내장형은 아닐까. 또한 밑 부분의 글라스가 믹싱 글라스처럼 사용되기 시작하면서 그 용도로 정착된 것인지도 모른다. 또 다른 형태로써 액체를 따라내는 부분이 달려있는 포트형 셰이커도 있다.

셰이커의 선택법 ✦

　그렇다면 내장형에 한정해서 실용적인 면을 생각해 보자. 우선 관리가 쉽고 가장 사용하기 편한 재질은 스테인리스이다. 스펀지를 이용해 물 세척 또는 중성세제로 씻는 것만으로 충분하며 튼튼하다. 하지만 프로 바텐더라면 니켈 실버를 사용하는 것도 좋다. 장점은 스테인리스보다 냉각이 뛰어나다는 것이다. 또한 얼음 소리가 좋다. 울림이 스테인리스와는 조금 다르다. 관리 방법은 스테인리스와 같지만 광택이 희미해지면 은제품 전용 연마제(크림 타입과 액체 타입이 있다)로 닦아준다. 순은으로 만든 셰이커는 너무 부드러워 추천하기 어렵다.

　니켈 실버가 스테인리스와 다른 점이 또 하나 있다. 그것은 셰이커의 형태이다. 통상 스테인리스제 보다는 둥근 모양이지만 니켈 실버제는 직선이 대부분이다. 셰이커는 이 둥근 모양이 얼음의 회전을 담당하여 재료를 냉각하며 섞는 움직임과 연결되므로 형태가 매우 중요한 요소이다. 칵테일에 따라서 선택할 셰이커의 형태를 구분 지어 두는 것도 한 가지 방법이다. 용량에 대해 하드 셰이크의 방법론을 고려하면 재료의 양보다 얼음의 양이 압도적으로 많으므로 나는 1인분을 만들 때 3인분 용 셰이커를 사용하고 있다.

또한 스트레이너의 구멍도 중요하다. 하드 셰이크 특유의 얼음 알갱이는 스트레이너의 구멍에서 나오기 때문이다. 셰이커에 따라 구멍의 크기, 개수가 다르다. 나는 구멍 크기가 큰 것을 우선적으로 고른다. 크기가 같을 경우에는 구멍 숫자가 많은 것을 고른다.

✦ 믹싱 글라스의 선택

믹싱 글라스는 두꺼운 유리 재질의 안정감 있는 것이 좋다. 실내 온도의 영향을 덜 받고 손가락의 열도 전달되기 어렵기 때문이다. 셰이커와는 다르게 클수록 좋은 것은 아니지만 어느 정도 크기가 있는 글라스가 활용 범위가 넓다.

내가 예전부터 콩쿠르에서 사용했던 스템이 달린 믹싱 글라스는 여러 명 분의 칵테일을 만들기에 편리하다. 대용량이 되면 구경이 커져서 한 손으로 들 수 없고, 깊이가 깊어지면 섞이기 힘들게 된다. 그래서 한 손으로 스템 부분을 잡을 수 있고, 용량도 크면서 따르기 쉬운 믹싱 글라스를 선택한다. 액체를 따르는 부분의 형태는 개체마다 차이가 있으므로 직접 따라보고 글라스를 타고 흐르지 않고 잘 따를 수 있는 물건을 선택하자.

별도 스트레이너 사용형 셰이커. 두 부분으로 구성되어 있다. 오른쪽이 보스턴 셰이커이며, 보디가 글라스이다. 믹싱 글라스로도 이용 가능하다. 왼쪽은 보디와 톱만으로 된 셰이커로서 모양은 내장형과 닮았다.

스트레이너 내장형 셰이커. 오른쪽이 가장 인기 있는 형태이다. 확실하게 냉각시키고 싶은 숏 칵테일에는 니켈 실버제, 용량이 크고 섞이기 어려운 롱 칵테일에는 스테인리스제와 같이 용도를 나누는 것도 하나의 방법이다. 스테인리스제는 두께가 있는 편이 열 전달이 덜 되어서 좋다.

앞에서부터 바 스푼 2개, 소믈리에 나이프, 지거 3종. 바 스푼은 스터 시에 얼음이 상하지 않도록 끝부분을 조절해서 쓰고 있다. 스테인리스보다 니켈 실버제가 무게감도 있고 빛깔도 곱다. 자신의 손에 맞게 나선의 폭을 고르길 바란다. 지거는 왼쪽이 일본에서 인기 있는 형태이고, 오른쪽 2개는 영미에서 자주 사용되는 형태이다.

믹싱 글라스. 오른쪽이 스템 사양. 한 번에 5인분의 칵테일을 만들 수 있다. 보디가 볼록해서 바 스푼이 크게 움직이며 이쁘게 보이는 것도 특징이다. 왼쪽은 일반적으로 3인분까지 대응 가능하다. 그 앞에는 스트레이너가 보인다. 스트레이너의 입구 부분이 잘려져 있는 것은 본래 보스턴 셰이커용이고, 잘려지지 않은 것이 믹싱 글라스용이다. 일반적으로 커팅되어 있는 쪽이 따르기 쉽다.

칵테일글라스

✦ **맛있는 칵테일의 명 조연**

칵테일을 제공함에 있어서 글라스는 가장 중요한 요소 중 하나이다. 같은 칵테일이라도 글라스를 바꾸는 것만으로 분위기가 완전히 달라진다. 또한 레시피상에 글라스가 지정되어 있는 칵테일도 있다. 요컨대 글라스는 그 칵테일 내용물의 이미지와 특성을 보다 선명하게 각인시키기 위한 중요한 요소이다.

내용물이 칵테일의 주역임은 말할 것도 없지만 글라스 또한 칵테일을 돋보이게 하는 조연 역할, 그것도 단순한 조연이 아니라 명조연 역할을 한다. 그 선택에는 바텐더의 개성과 사고방식이 반영된다.

나의 글라스는 비교적 심플하다. 칵테일의 색과 기포, 떠다니는 얼음 알갱이 등이 더욱 잘 표현될 수 있도록 보디 부분의 커팅이나 채색이 적은 것을 고른다. 주역인 칵테일을 잡아먹을 정도로 화려한 것은 피해야 한다고 생각한다. 또한 글라스는 어느 정도 얇은 편이 맛으로 잘 이어진다. 실제로 손님들도 얇은 것을 좋아하는 경우가 많다.

하지만 가장 중요한 것은 바텐더 스스로가 만드는 칵테일의 이미지를 생각해서 그에 맞는 잔을 선택하는 것이다. 예를 들어 나는 마티니에는 구경이 크고 살짝 볼록한 글라스, 다이키리에는 직선적이고 샤프한 느낌의 글라스를 제공한다. 이처럼 바텐더의 취향이 더 나은 칵테일로 해석된다고 생각한다.

그렇다면 실제로 어떤 잔들이 있을까? 지금부터 대표적인 칵테일 글라스의 베리에이션을 소개하겠다.

락 글라스

락 글라스는 여러 가지 형태가 있다. 직선형, 위로 갈 수록 넓어지는 형태, 동그스름한 타입 등이다. 위스키 온더록스 외에 온더록스형 칵테일인 「카미가제」, 「찰리 채플린」, 「씨 브리즈」 등에도 사용한다.

둥근 형태의 칵테일글라스

둥근 형태를 띠고 있는 글라스는 달콤한 칵테일의 이미지이다. 왼쪽에서 2번째는 글라스의 커팅이 일본풍 인상이어서 일본 이름의 칵테일이나 일본풍 재료를 쓴 것에 이용하고 있다. 3번째는 「맨해튼」 전용. 그 옆에는 「사이드카」 등에 사용한다. 제일 오른쪽은 여러 칵테일에 이용하고 있다.

와인글라스

왼쪽부터 화이트 와인용, 레드 와인용이며 고블렛 대신 「데이지」나 「픽스」 등에도 사용 가능하다. 그 다음 2종류는 샴페인 글라스로서 소서형은 「샴페인 칵테일」이나 「핑크 레이디」 등 클래식한 칵테일, 아름다운 형태의 플루트형은 「키르 로열」, 「미모사」 등에 사용한다.

삼각 형태의 칵테일글라스

샤프한 폼의 글라스는 드라이 또는 깔끔한 타입의 칵테일에 사용한다. 제일 왼쪽은 「뱀부」나 「아도니스」 등에 쓰고, 그 옆의 2개는 여러 칵테일에 사용하는데 「다이키리」 등의 이미지를 띤다. 슬림하고 긴 글라스는 「깁슨」 등에 어울린다.

텀블러

롱 드링크용 글라스. 왼쪽부터 손잡이가 달린 핫 글라스, 텀블러보다 살짝 높은 콜린스 글라스, 과즙을 사용한 여성스러운 칵테일에 잘 어울리는 좀비 글라스(필스너)이며, 오른쪽의 2개는 텀블러이다. 실루엣이 스트레이트인 것은 칵테일용으로 쓰고, 위스키 하이볼 등 제조 기술이 단순한 칵테일에는 둥글고 고급감이 있는 것을 사용하여 가치를 향상시키고 있다.

칵테일을 제공함에 있어서
글라스는 가장 중요한 요소 중 하나이다.
같은 칵테일이라도 글라스를
바꾸는 것만으로 분위기가 완전히 달라진다.

일러두기

- 사용하는 재료(스피릿을 제외), 글라스의 종류는 지정이 없는 한 냉장고에 차갑게 보관된 상태로 한다.
- 여기에서는 설명을 생략하고 있으나 1장에서 해설한 대로 셰이크, 스터를 할 때는 얼음을 채워서 한다.
- 〈우에다 레시피〉의 술 이름이 붙는 괄호 안의 표기는 상표명 또는 제조회사명으로 한다.
- 레시피 하단, 만드는 방법란의 술 이름에 붙는 괄호 안의 표기는 술의 종류로 한다.
- 위의 3가지는 3장에도 동일하게 적용한다.

CHAPTER 02

스탠더드 칵테일

진 베이스

Martini 마티니

칵테일이 일본에 퍼진지 약 70년 동안, 「마티니」는 수백 개가 넘는 칵테일 중에서도 여전히 인기 넘버원의 자리를 양보하지 않는 칵테일의 왕이다.

마티니는 유독 자기 취향에 집착하는 손님이 많다. 아니, 손님만이 아니다. 자신의 사고방식을 투명한 액체에 투영하는 바텐더도 많다. 이만큼이나 사람들에게 많이 일컬어지는 마티니의 매력은 도대체 무엇일까.

주재료인 진은 특유의 매력적인 향기가 있다. 이 진의 향기가 마티니의 상용성으로 연결되는 것은 아닐까 생각할 수도 있다. 그리고 진과 베르무트라는 심플한 재료의 조합인 까닭에 마시는 사람이 칵테일 메이킹에 대해 이야기하기도 쉽다. 이러한 점이 마티니의 인기를 받쳐주는 요인이 된다. 만드는 사람과 마시는 사람 양쪽 다 자신의 취향을 고집하기 쉬운 술이 마티니인 것이다.

그러다 보니 마티니는 무수히 많은 레시피가 존재한다. 마티니에 사용되는 재료는 ①드라이진 ②드라이 베르무트 ③비터 ④올리브 ⑤레몬 필 등이 있으며, 단순한 재료의 조합만으로도 8가지 방식의 마티니 레시피가 존재한다.

게다가 재료의 조합＋분량의 차이로도 만드는 법이 달라지고, 술의 브랜드에 따라서도 맛이 달라지므로 그 종류는 셀 수 없이 많다.

| 스탠더드 레시피 | 드라이 진 3/4 · 드라이 베르무트 1/4 |

| 우에다 레시피 | 드라이 진(비피터) 5/6 · 드라이 베르무트(노일리 프랏) 1/6 · 스터프드 올리브 1개 · 레몬 필 |

| 사용 글라스 | 칵테일글라스 |

믹싱 글라스에 드라이 진, 드라이 베르무트를 넣고 스터 한다. 칵테일글라스에 따르고 칵테일 핀에 꽂은 스터프드 올리브로 장식한 다음 레몬 필로 향을 더한다.

드라이 베르무트. 오른쪽이 노일리 프랏이고 왼쪽이 마티니 엑스트라 드라이이다. 비교해 보면 노일리 프랏쪽이 호박색을 띠고 감미가 강하다.

Martini Recipe

• **마티니의 재료**
1. 드라이 진
2. 드라이 베르무트
3. 비터
4. 스터프드 올리브
5. 레몬 필

• **조합의 예**
- A 1+2
- B 1+2+3
- C 1+2+4
- D 1+2+5
- E 1+2+3+4
- F 1+2+3+5
- G 1+2+4+5
- H 1+2+3+4+5

 또한 마티니의 맛은 사회 정세나 세상의 흐름을 민감하게 비추는 일면이 있다. 칵테일뿐만 아니라 전반적으로 술의 단맛을 줄이는 드라이 지향으로 변하면서 마티니도 엑스트라 드라이로 치우쳐져 있다.

 내가 마티니의 원형이라고 생각하는 「진&잇」은 진과 스위트 베르무트로 만드는데, 그 비율은 1 대 1이다. 이 스위트 베르무트가 드라이 베르무트로 바뀌면서 마티니가 탄생했다. 처음에는 진과 드라이 베르무트의 비율이 2 대 1이었고, 3 대 1은 드라이 마티니로 확실하게 구별되어 존재해 있었다. 그러나 드라이화가 진행됨에 따라 마티니 = 드라이 마티니로 인식이 되면서 구별이 없어지고 그 비율은 점점 드라이하게 변해갔다.

 결국에는 20 대 1, 또는 베르무트를 스프레이, 린스(믹싱 글라스에 얼음을 넣고 베르무트만 넣어 스터 후 내용물을 버리고, 그 얼음으로 진을 스터 하는 것), 심지어는 베르무트의 병을 바라보면서 진을 마시는 레시피까지 생겨났을 정도이다.

　이렇게 만든 칵테일을 마티니라고 칭하며 내놓는 바도 있지만 나는 이것은 마티니가 아니라고 생각한다. 진과 드라이 베르무트가 잘 융합되어 진의 톡 쏘는 느낌이 없는 또 다른 맛이 탄생해야 진정한 마티니이다. 그러므로 칵테일로서 성립하는 것은 6 대 1까지가 드라이의 한도라고 생각한다. 최대한 양보해도 7 대 1까지다. 그나마 다행인 것은 최근 들어 조금씩이긴 하지만 마시는 사람의 취향이 엑스트라 드라이에서 표준으로 조금씩 돌아오고 있다는 점이다.

　마티니 제조의 중요 포인트는 말할 것도 없이 스터의 기술이다. 마티니만큼 스터의 어려움을 느낄 수 있는 칵테일은 없다. 맛있는 마티니를 만드는 일에 지름길은 없다. 마음을 담아 섞는 과정에 집중하고, 이러한 노력이 쌓여야만 맛있는 마티니를 만드는 것이 가능해진다. 또 한 가지, 최후의 마무리인 레몬 필의 올바른 방법도 소홀히 해서는 안 된다.

Gibson 깁슨

미국의 일러스트레이터 C. 깁슨이 너무나 사랑했던 칵테일로서 그의 이름에서 따와 「깁슨」이라고 이름 붙여졌다. 사보이의 초판에는 마티니와 같이 깁슨도 셰이크로 지정되어 있지만, 세계로 퍼짐과 동시에 스터로 만드는 방식으로 바뀌었다. 다만 지금도 셰이크로 만드는 레시피가 일부 남아있는 듯하다.

    탄생 당시 깁슨은 엑스트라 드라이의 획기적인 칵테일이었다. 하지만 마티니의 드라이화가 진행됨에 따라 깁슨을 넘어선 마티니가 나오기 시작했다. 지금에 와서 둘의 다른 점은 데커레이션의 올리브와 펄 어니언의 차이 정도에 불과하다.

    하지만 마티니와 깁슨은 어디까지나 다른 맛을 가진 칵테일이므로 마티니의 드라이 허용범위가 깁슨을 넘어버리면 두 칵테일의 존재 의미가 사라진다. 따라서 나는 마티니는 5 대 1, 깁슨은 6 대 1까지가 드라이함의 베스트 밸런스라고 생각한다. 나 자신도 마티니보다 한층 드라이한 이미지를 가지고 제조하려고 염두에 두고 있다.

    C. 깁슨이 그린 슬림한 여성의 모습에 이미지를 맞추어 샤프한 실루엣의 칵테글라스를 사용한다. 드라이한 깁슨에 매우 잘 어울린다.

스탠더드 레시피   드라이 진 5/6·드라이 베르무트 1/6·펄 어니언 1개
우에디 레시피   드라이 진(비피터) 6/7·드라이 베르무트(노일리 프랏) 1/7·펄 어니언 1개
사용 글라스   칵테일글라스

믹싱 글라스에 드라이 진과 드라이 베르무트를 넣고 스터 한다. 칵테일글라스에 따르고 칵테일 핀에 꽂은 펄 어니언을 장식한다.

Gimlet 김렛

커다란 쿠페형 샴페인 글라스에 둥그스름해진 얼음 한 덩어리가 떠 있고, 그 주변으로 얼음 알갱이가 표면을 떠다닌다. 이것이 하드 셰이크로 만든 나의 「김렛」이다. 샴페인 글라스에 얼음을 띄우는 도쿄 회관 스타일을 답습하고 있다.

옛날 도쿄 회관의 김렛은 설탕이 스노우 스타일로 입혀져 있었다. 그 스노우 스타일을 아름답게 보이게 하기 위해 쿠페형 샴페인 글라스를 사용했다. 그리고 글라스 사이즈가 커서 보냉을 위해 얼음이 한 덩어리 더해졌다.

스노우 스타일이 일본에 들어온 쇼와 20~30년대(1945~1955년)는 대부분이 설탕을 사용했다. 당시 단맛은 고급품이었기에 설탕이 사용된 칵테일이 매우 인기가 높았다. 「키스 오브 파이어」, 「마이 도쿄」 등이 그 예이다. 시대가 변하면서 단맛을 줄이는 경향이 생겨나며 김렛의 스노우 스타일은 차츰 사라지게 되었다. 샴페인 글라스만이 흔적으로 남았다.

여하튼 나의 김렛은 코디얼 라임(설탕을 첨가한 시럽과 같은 것)을 프레시 라임주스로 바꾸었다. 아마도 오리지널을 만들었던 사람은 프레시 라임주스의 대용품으로 코디얼을 사용했을 것이다. 현재는 프레시 라임주스를 입수하기 쉬운 시대이므로 변화하는 게 지극히 당연한 흐름이라고 생각한다.

스탠더드 레시피 드라이 진 3/4·코디얼 라임주스 1/4
우에다 레시피 드라이 진(고든) 3/4·프레시 라임주스 1/4·슈거 시럽 1티스푼
사용 글라스 쿠페형 샴페인 글라스

셰이커에 드라이 진, 프레시 라임주스, 슈거 시럽을 넣고 셰이크 한다. 샴페인 글라스에 따른 뒤, 셰이커 안에 얼음을 한 덩어리 떨어뜨린다.

사진은 코디얼 라임주스. 오른쪽이 로즈 사 제품이고, 왼쪽이 메이지야 제품이다. 양쪽 다 가당한 시럽 타입이다.

그리고 단맛으로 슈거 시럽을 첨가한다. 과즙을 사용한 칵테일은 아무리 드라이화의 세상이라 해도 스피릿과 과즙의 비율이 3 대 1이 베스트 밸런스이다. 여기에 감미를 1티스푼 더하는 것으로 감, 산미의 밸런스가 잡혀 김렛의 맛이 탄생한다.

최근 「드라이 김렛」이라는 설탕을 넣지 않은 레시피도 보이는데, 이것은 김렛이 아니라고 잘라 말해도 좋지 않을까 생각한다.

커다란 쿠페형 샴페인 글라스에
둥그스름해진 얼음 한 덩어리가 떠 있고,
그 주변으로 얼음 알갱이가 표면을 떠다닌다.
이것이 하드 셰이크로 만든 나의 「김렛」이다.

Alaska 알래스카

「알래스카」는 원래 셰이크로 만든다. 재료를 냉각하며 섞기 위함이다. 하지만 나의 하드 셰이크의 특징은 재료에 기포를 넣어 부드러운 맛으로 완성시키는 데 있다. 이 알래스카나 「스팅거」, 「러시안」과 같이 과즙이나 크림을 사용하지 않고 베이스의 스피릿과 감미만으로 구성된 칵테일은 셰이크에 따른 공기를 감싸 안게 하는 즉, 기포를 유지하는 것이 매우 어렵다.

그렇다면 스터로 바꿔 보면 어떨까? 이러한 발상으로 원래 셰이크로 제조하는 이 세 가지 칵테일을 과감하게 스터로 도전해 보았다. 그 결과 종래의 드라이 진과 샤르트뢰즈의 3 대 1 배합을 스터로 바꾸는 것만으로 5 대 1까지 드라이하게 조절하는 데 성공했다. 단맛이 강한 샤르트뢰즈를 억제하여 깔끔하고 드라이한 맛이 되었으며, 확실하게 샤르트뢰즈의 향이 살아 있었다. 스터는 정말로 두 녀석의 개성을 살리는 믹싱의 묘미를 표현하는 적합한 방법이라 할 수 있다.

하지만 마지막까지 고민했던 것은 셰이크로 만들어지는 냉각이었다. 알래스카라는 이름이 가진 차가운 이미지를 생각하면 셰이커에 서리가 낄 정도로 냉각시킬 수 있는 셰이크가 적절하다고도 할 수 있다. 결국 맛을 생각한다면 스터, 이미지를 생각한다면 셰이크가 될 터이다. 손님의 취향에 따라 셰이크로 만드는 것도 좋다. 다만 셰이크의 경우에는 4 대 1이 드라이의 한계이다.

샤르트뢰즈 그린을 사용하면 「그린 알래스카」가 된다.

스탠더드 레시피	드라이 진 3/4·샤르트뢰즈 옐로우 1/4
우에다 레시피	드라이 진(비피터) 5/6·샤르트뢰즈 옐로우 1/6
사용 글라스	샴페인 글라스

믹싱 글라스에 드라이 진, 샤르트뢰즈 옐로우를 넣고 스터 한다. 칵테일글라스에 따른다.

Gin & Bitters 진&비터스

「진&비터스」에 들어가는 진은 냉장이 아닌 냉동으로 준비해 둔다. 이 칵테일은 진 그 자체의 맛을 즐기기 위한 것이기 때문이다. 따라서 사용하는 진의 브랜드도 손님의 취향에 맞춰 만든다.

오래전부터 있던 칵테일이다 보니 여러 가지 스타일로 어레인지 되어 왔다. 예전엔 온더록스 스타일이 주류였다. 글라스도 여러 가지여서 칵테일글라스를 사용하는 경우도 있는가 하면, 셰리 글라스를 사용할 때도 있다. 나는 스템이 달린 샷 글라스를 사용하고 있다. 어느 쪽이 되었든 글라스는 차갑게 해두어야 한다.

제조법도 몇 가지가 있다. 스탠더드는 2~3대시의 비터로 린스한 글라스에 진을 넣는 것이다. 그 외에 스터로 만드는 것도 있는데, 지금은 냉동고가 보급되어 있으므로 스터로 진을 차갑게 만들 필요는 없다고 생각한다.

나는 우선 차갑게 해 둔 스템이 달린 샷 글라스에 3방울의 비터를 떨어트리고 냉동 보관된 진을 따른다. 그 후에 또다시 비터를 2방울 떨어트린다. 이렇게 처음과 끝에 비터를 2~3방울씩 떨어트리는 것으로 비터가 진에 자연스럽게 섞인 맛을 즐길 수 있다. 별명은 「핑크 진」. 아로마틱 비터를 오렌지 비터로 바꾸면 「옐로우 진」이라는 이름으로 바뀐다.

| 스탠더드 레시피 | 드라이 진 1글라스·아로마틱 비터 2~3대시
| 우에다 레시피 | 드라이 진 1글라스·아로마틱 비터 5드롭스
| 사용 글라스 | 샷 글라스(스템이 달린)

샷 글라스에 3방울의 아로마틱 비터를 떨어뜨리고, 여기에 냉동 보관된 진을 따른다. 그 뒤에 또다시 아로마틱 비터를 2방울 떨어트린다.

Gin&Tonic 진토닉

「진토닉」은 진에 토닉 워터를 넣는 너무나 간단한 레시피이다. 게다가 청량감 넘치는 부드러운 맛을 가지고 있다. 그 덕에 전 세계적으로 사랑받고 있으며, 빌드 스타일 중에서도 가장 인기 있는 칵테일이다.

    하지만 심플할수록 맛의 차이가 여실히 드러나기 마련이다. 기운 빠진 흐리멍덩한 맛이 될 수도 있고, 마지막까지 청량감이 남는 진한 맛으로 완성시킬 수도 있다. 이 차이는 첫째로 빌드라는 기술에 대한 사고방식이 크게 관여한다. 빌드는 글라스에 직접 따르는 것이므로 가장 간단한 제조 방법이라고 생각할 수 있다. 하지만 이 단순한 동작에서 무엇이 제일 중요한지 이해하고 행동하는 것이 맛을 크게 좌우한다.

    우선은 토닉 워터의 취급법을 생각해 보자. 진토닉에 있어 청량감은 가장 중요한 포인트이다. 얼음에 닿지 않도록 피해서 조용히 따른다. 그리고 너무 섞어서는 안 된다. 토닉 워터의 탄산을 잃지 않도록 조심스럽게 다뤄야 한다. 그리고 적량이라고 하는 분량도 적당히 해서는 안 된다. 너무 많으면 물처럼 밍밍해져 버린다. 60ml가 한도이다.

    다음으로 베이스의 술을 차갑게 해두는 것이다. 차게 해두면 물맛이 날 위험

스탠더드 레시피 드라이 진 45ml・토닉 워터 적량
우에다 레시피 드라이 진(비피터) 45ml・토닉 워터 적량・라임 1/6컷(주스로는 5ml 정도)
사용 글라스 텀블러

텀블러에 얼음을 넣고 라임 웨지를 짜 넣는다. 진을 따르고 조심스럽게 토닉 워터를 넣은 뒤 가볍게 스터 한다. 산미가 부족하면 프레시 라임주스를 보충한다.

성이 줄어든다. 기술을 보충하는 의미로써도 꼭 추천하고 싶다. 마지막으로 나는 개인적으로 프레시 라임을 사용해 부드러운 향기를 더한다. 이와 같이, 얼마나 마지막까지 청량감 있고 부드럽게 마실 수 있는지를 늘 염두에 두고 마음을 담아 만들어야 한다.

그리고 드라이 진의 브랜드도 잘 골라야 한다. 나는 밸런스가 좋은 비피터를 사용하지만 탱커레이를 사용하면 깔끔하게 완성되며, 고든은 향이 강하며 단맛이 난다. 봄베이 사파이어를 사용하면 맛이 깊고 기존과는 또 다른 느낌의 진토닉이 된다.

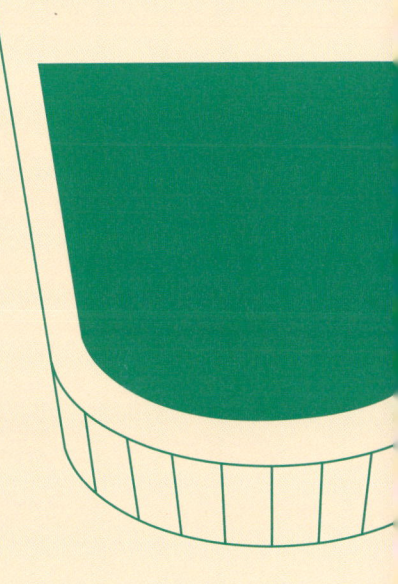

진에 토닉 워터를 넣는 너무나 간단한 레시피이다.
게다가 청량감 넘치는 부드러운 맛을 가지고 있다.
그 덕에 전 세계적으로 사랑받고 있으며,
빌드 스타일 중에서 가장 인기 있는 칵테일이다.

White Lady 화이트 레이디

「화이트 레이디」는 사이드카 타입 칵테일의 하나이다. 사이드카는 원래 화이트 레이디의 베이스를 진에서 브랜디로 바꿔서 만들어진 것으로써 화이트 레이디가 원형이라고도 할 수 있다. 시간이 지나고 사이드카가 더 인기를 끌면서 기본으로 확립되었고, 지금은 위치가 바뀌어 화이트 레이디가 오히려 「진 사이드카」 등으로 불리는 경우도 있다.

하드 셰이크를 전제로 한 나의 레시피에서는 스탠더드보다 쿠앵트로와 프레시 레몬주스의 분량이 적다. 쿠앵트로의 단맛을 줄여 깔끔하고 부드러운 맛을 표현하기 위해 산미인 프레시 레몬주스도 같이 조절한 것이다. 손님의 취향에 맞추어 이것보다 더 드라이하게 만들 때도 이 밸런스를 무너뜨리지 않도록 감미와 산미를 같이 줄이는 것이 중요하다.

유백색의 아름다운 마무리는 말 그대로 화이트 레이디라는 이름에 어울린다. 따라서 여성적이고 부드러운 모양의 글라스에 제공하는 것이 좋다. 또한 쿠앵트로 대신에 그레나딘 시럽과 난백을 더한 「핑크 레이디」의 자매 칵테일로서 화이트 레이디에 난백을 더해 만드는 사람도 있는데, 이는 모처럼 가진 화이트 레이디의 산뜻하고 깔끔한 목넘김을 잃어버리는 것처럼 여겨진다. 나는 어디까지나 깔끔한 맛으로의 완성을 목표로 하고 싶다.

스탠더드 레시피 드라이 진 2/4·화이트 큐라소 1/4·레몬주스 1/4
우에다 레시피 드라이 진(고든) 4/6·쿠앵트로 1/6·프레시 레몬주스 1/6
사용 글라스 칵테일글라스

셰이커에 드라이 진, 쿠앵트로(화이트 큐라소), 프레시 레몬주스를 넣어서 셰이크 한다. 칵테일글라스에 따른다.

Gimlet Highball
김렛 하이볼

「김렛 하이볼」은 이름처럼 김렛에 탄산수를 넣은 하이볼이다. 원래 하이볼은 플레인 탄산수뿐만 아니라 진저 에일이나 토닉 워터 등 탄산이 들어간 음료를 섞는 칵테일의 총칭이다. 따라서 「진토닉」도 하이볼의 일종이라 할 수 있다. 대부분의 나라에서는 위스키에 탄산수를 넣은 하이볼이 가장 인기로, 하이볼이라 하면 보통은 위스키 하이볼을 떠올린다.

하이볼 스타일의 칵테일은 탄산을 넣는 것이 전제이므로, 탄산을 넣기 전의 숏 칵테일을 확실하게 만드는 것이 중요하다. 김렛 하이볼도 수면을 얼음 알갱이가 뒤덮을 정도로 확실하게 셰이크 한다. 또한 탄산을 넣기 때문에 감미를 더 첨가하여 볼륨을 넣도록 하고 있다.

「진피즈」는 레몬을 라임으로 바꾸어 적당량의 시럽으로 깔끔하고 상쾌하게 마무리한 텐더의 인기 칵테일 중 하나이다. 이름도 레트로한 느낌이 있어 호평을 받는다. 이 외에도 하이볼 스타일의 칵테일은 「아메르 피콘 하이볼」이 있으며, 위스키 하이볼은 재료에 따라 버번 하이볼, 라이 하이볼 등과 같이 나눌 수 있다.

스탠더드 레시피 드라이 진 45ml·라임주스 15ml·파우더 슈거 1티스푼·소다 적량
우에다 레시피 드라이 진(고든) 45ml·프레시 라임주스 15ml·슈거 시럽 1½티스푼·소다 적량
사용 글라스 텀블러

셰이커에 드라이 진, 프레시 라임주스, 슈거 시럽을 넣어 셰이크 한다. 텀블러에 따르고 얼음을 넣어 탄산수를 붓는다.

브랜디 베이스

Side-Car 사이드카

「사이드카」는 셰이커를 사용하여 만드는 숏 칵테일의 기본이다. 사이드카처럼 감, 산미의 밸런스를 가진 칵테일은 무척이나 많지만, 나는 스피릿과 감미와 산미의 배합이 사이드카의 비율과 같은 칵테일을 사이드카 타입이라고 부른다. 스탠더드 레시피는 2 대 1 대 1이지만 나는 그 비율을 4 대 1 대 1까지 드라이하게 만들고 있다. 이 비율이 하드 셰이크로 만들 때 맛의 밸런스를 유지할 수 있는 가장 드라이한 레시피이다.

맛의 밸런스를 바꿀 경우 감미를 적게 하려면 반드시 산미도 줄여야 한다. 이것은 칵테일을 만드는 데 있어 철칙과도 같다. 어딘가로 치우쳐지면 맛이 무너져 버리기 때문이다. 그러나 산미를 좋아하는 손님에게는 코냑 40ml, 쿠앵트로 9ml, 레몬주스 11ml까지는 허용범위라고 생각한다. 레몬주스와 쿠앵트로를 향을 입히는 정도로 극소량을 더하는 초 드라이 레시피도 있는데, 이렇게 해서는 사이드카의 맛이 나지 않으므로 다른 칵테일로 인식되어야 옳을 것이다.

사이드카 타입(4 대 1 대 1) 칵테일에서 베이스 스피릿은 물론 감미와 산미도 여러 가지 조합이 고려될 수 있다. 예를 들면 그레나딘과 슈거 시럽 같은 감미를 두 종류 합쳐서 사용하거나 산미의 재료를 두 종류 조합하는 것도 가능하다.

오리지널 칵테일을 만들 때라든가 스탠더드를 어레인지 할 경우 등 4 대 1 대 1이라는 비율을 바꾸지 않는다면 맛 구성에 크게 실패할 일은 없다고 생각한다. 다만 사용하는 감미와 산미의 맛 정도 차이는 당연히 있다. 그러니 미묘하게 가감하지 않으면 안 된다. 여기에서 바텐더의 실력이 드러난다.

스탠더드 레시피 브랜디 2/4·화이트 큐라소 1/4·레몬주스 1/4
우에다 레시피 코냑(헤네시 V.S.) 4/6·쿠앵트로 1/6·프레시 레몬주스 1/6
사용 글라스 칵테일글라스

셰이커에 코냑, 쿠앵트로(화이트 큐라소), 프레시 레몬주스를 넣고 셰이크 한다. 칵테일글라스에 따른다.

Stinger 스팅거

「스팅거」는 과즙을 넣지 않고 스피릿과 감미만으로 제조하는 칵테일이다. 「알래스카」와 같이 원래는 셰이크 방식으로 만든다. 셰이크의 목적은 재료를 빠르게 냉각시키며 동시에 잘 섞는 것에 있다. 이 셰이크를 추구한 끝에 내가 도달한 하드 셰이크의 특징은 과즙이나 크림 등 잘 섞이지 않는 재료를 완벽하게 섞어서 재료에 공기를 넣어 부드러운 맛을 완성시키는 데 있다. 따라서 스피릿과 감미만으로 만드는 비교적 섞이기 쉬운 칵테일은 하드 셰이킹을 하더라도 맛에 큰 차이가 없고 기포도 유지되지 않는다. 즉, 나에게 있어서 셰이크에 적합한 칵테일은 아니다.

그래서 나는 스팅거를 과감하게 스터로 바꿔서 시도해 보았다. 일찍이 셰이크로 만들던 마티니가 오늘날에는 스터로 변했듯이 스팅거도 스터로 바꾸어 봐도 좋지 않을까? 큰 도전이었지만 해볼 가치가 있다고 판단했다. 이러한 의미에서는 코냑을 보드카로 바꾼 「보드카 스팅거」도 매한가지이다.

베이스는 하드 셰이크에 적합한 헤네시 V.S.에서 V.S.O.P.로 바꾸어 브랜디의 맛을 더욱 끌어냈다. 4 대 1로 만드는 드라이하고 깔끔한 레시피이다. 감미를 누그러뜨려서 각각의 술의 개성을 살리는 스터를 택함으로써 5 대 1까지 드라이하게 만들어도 민트의 개성을 잃지 않았다. 여기까지의 어레인지는 가능하다고 생각한다. 이제 브랜디와 민트 양쪽의 향을 마음껏 즐기길 바란다.

스탠더드 레시피 브랜디 2/3·크렘 드 민트(화이트) 1/3
우에다 레시피 코냑(헤네시 V.S.O.P.) 4/5·화이트 민트(제트31) 1/5
사용 글라스 칵테일글라스

믹싱 글라스에 코냑과 화이트 민트를 넣어서 스터 하고 칵테일글라스에 따른다.

Alexander 알렉산더

「알렉산더」는 영국 국왕 에드워드 7세의 왕비 알렉산드리아에게 바쳐진 칵테일이다. 「그래스호퍼」와 같이 생크림을 사용한 칵테일의 하나로써 강하고 긴 셰이크가 필요하지만, 나는 스탠더드 레시피보다 브랜디를 많이 넣기 때문에 그래스호퍼와 비교하면 약간 짧게 셰이크 하고 있다. 너무 많이 셰이크 하면 생크림이 분리되고 물맛이 나버리므로 가감하길 바란다.

알렉산더는 식후주(다이제스티브)로 음용되던 칵테일이어서 식후의 상쾌함을 위해 육두구를 갈아 올렸다. 또한 이 칵테일이 일본에 들어왔던 초창기에는 생크림 향에 익숙하지 않았기 때문에 냄새를 억제하는 의미에서 육두구를 첨가했을 것이다.

하지만 현재는 생크림에 거부감을 나타내는 사람도 없고, 감미와 생크림을 줄여서 깔끔하게 만들었으므로 육두구는 필요 없다고 생각한다. 세계적으로 보더라도 육두구를 뿌리는 경우는 드물다.

브랜디, 크렘 드 카카오, 생크림의 세 가지 재료를 동량으로 사용하는 레시피도 있지만, 세상의 흐름으로 보더라도 감미를 자제한 드라이 경향이 바람직하다. 알렉산더에 있어 드라이의 한계는 4 대 1 대 1이라고 생각한다.

스탠더드 레시피 브랜디 2/4 · 크렘 드 카카오 브라운 1/4 · 생크림 1/4
우에다 레시피 코냑(헤네시 V.S.) 4/6 · 크렘 드 카카오 브라운(디카이퍼) 1/6 · 생크림 1/6
사용 글라스 칵테일글라스

셰이커에 코냑, 크렘 드 카카오, 생크림을 넣고 셰이크 한다. 칵테일글라스에 따른다.

Jack Rose 잭 로즈

「잭 로즈」는 미국에서 탄생한 칵테일이다. 미국의 애플 브랜디, 애플잭을 사용한 칵테일이어서 이렇게 이름 지어졌다.

스탠더드에서는 「사이드카」의 베리에이션으로서 그레나딘 시럽을 많이 넣어 제조하고 있는데, 나는 베이스의 술에 산미를 더해서 만든 다이키리 타입 칵테일의 하나라고 생각하여 그레나딘 시럽을 적게 넣고 있다. 프레시 라임의 산미로 맛을 단단히 잡아 생생히 풍기는 사과의 풍미를 소중히 하고 싶기 때문이다.

또한 하드 셰이크의 기포에 의한 파스텔 톤 색조를 어필하기 위해 그레나딘 시럽은 옅게 색보정 정도로 하여 슈거 시럽으로 단맛을 보충하고 있다. 양을 줄이는 것으로 그레나딘의 인공적인 맛도 옅어져서 칼바도스의 풍미가 살아난다.

오리지널은 아메리카의 애플 브랜디를 사용한다고 지정되어 있지만, 같은 사과로 만들어진 애플 브랜디의 경우 프랑스 노르망디산 칼바도스 쪽이 맛도 향도 더욱 뛰어나서 이쪽을 선택하고 있다.

칼바도스에도 산지나 숙성 연수의 차이로 가격의 편차가 있지만, 나는 하드 셰이크에 적합하도록 허리 힘이 강하고 향이 진한 프랑스 불라 사의 조금 위 등급 칼바도스를 사용하고 있다. 새콤달콤한 향이 장미를 연상시킨다.

스탠더드 레시피 애플잭 2/4·라임주스 1/4·그레나딘 시럽 1/4
우에다 레시피 칼바도스(불라 그랑 솔라주) 3/4·프레시 라임주스 1/4·그레나딘 시럽 (메이지야) 1티스푼·슈거 시럽 1티스푼
사용 글라스 칵테일글라스

셰이커에 칼바도스, 프레시 라임주스, 그레나딘 시럽, 슈거 시럽을 넣어서 셰이크 한다. 칵테일 글라스에 따른다.

Brandy Sour
브랜디 사워

사워 스타일의 칵테일이다. 사워 스타일은 스피릿에 감미와 산미를 더하고 셰이크 해서 만드는 칵테일을 말하는데, 산미를 살리는 것이 특징이다. 소량의 탄산을 더하는 영국 스타일과 더하지 않고 만드는 미국 스타일 두 종류가 있다.

그중 나는 미국 스타일로 만들고 있다. 보통 칵테일에서 베이스 스피릿과 산미의 비율은 3 대 1이 일반적인 밸런스이지만 사워는 프레시 레몬주스를 조금 많이 넣어서 단맛을 적게 하고 신맛이 도드라지게 하고 있다.

브랜디는 하드 셰이크를 전제로, 허리 힘이 강한 헤네시 V.S.를 사용한다. 감미는 완성 후의 색이 클리어 한 슈거 시럽을 사용한다. 그라뉴당으로는 전부 녹지 않고, 쉽게 녹는 분말 형태를 사용하면 탁해지는 느낌으로 완성되어 버린다.

또한 가니쉬로는 일반적으로 오렌지 슬라이스와 마라스키노 체리를 사용하는데, 나는 칵테일의 재료가 되는 레몬 슬라이스를 1장 넣고 얼음을 한 덩이 띄워 제공하고 있다. 글라스는 사워 전용의 사워 글라스(120ml)를 사용하는데 특별히 연연할 필요는 없다.

브랜디 이외에는 위스키로 만드는 「위스키 사워」가 대중적이고, 최근에는 아쿠아비트를 사용한 「아쿠아비트 사워」 등도 나오고 있다. 또한 리큐어를 사용한 사워도 보이는데, 사워 스타일에 리큐어를 사용하는 것에는 의문을 느낀다.

스탠더드 레시피 브랜디 45ml·레몬주스 20ml·설탕 1티스푼·오렌지 슬라이스 1장·마라스키노 체리 1개
우에다 레시피 코냑 45ml·프레시 레몬주스 20ml·슈거 시럽 1티스푼·레몬 슬라이스 1장
사용 글라스 사워 글라스

셰이커에 코냑, 프레시 레몬주스, 슈거 시럽을 넣어서 셰이크 한다. 사워 글라스에 따르고 얼음을 한 덩이 띄워서 레몬 슬라이스로 장식한다.

위스키 베이스

Manhattan 맨해튼

뉴욕 맨해튼의 떨어지는 석양을 형상화하여 만들어진 칵테일「맨해튼」. 스위트 베르무트가 석양의 붉은색을 전하고 있다. 미국에서 태어난 영국 수상 처칠의 어머니가 뉴욕 맨해튼 클럽에서 즐겨 마시던 것이 이 칵테일의 시초라고 전해진다.

칵테일의 여왕으로「마티니」와 어깨를 나란히 하는 칵테일이지만, 인기면에서는 조금 뒤처진 감이 있다. 그러나 오랫동안 사랑받아온 만큼 많은 어레인지 레시피가 존재한다. 베이스인 라이 위스키를 버번으로 바꾼「버번 맨해튼」, 스카치로 바꾼「스카치 맨해튼(롭 로이)」, 스위트 베르무트를 드라이 베르무트로 바꾼「드라이 맨해튼」등이 그 대표적인 예이다.

맨해튼도 마티니와 같이 드라이화 경향이 있어서 기준 레시피는 3 대 1이지만 나는 4 대 1을 베스트로 하고 있다. 드라이의 허용 한계치는 5 대 1까지다. 그 이상의 드라이를 원하는 손님에게는 드라이 맨해튼을 추천하고 있다.

마티니는 최대 한도를 7 대 1로 보지만 맨해튼과는 베이스가 다르다. 진은 샤프한 풍미를 가진 술이지만, 위스키는 복잡하고 풍부한 맛을 가진 술이다. 소재가 가지는 특성을 살리는 것을 생각해 보면 5 대 1이 한계치이다.

강약을 넣지 않고, 다만 차분하게 섞는 것에 집중한다. 부드러운 이미지로 스터 하고 둥글고 여성적인 폼의 글라스에 서브한다.

스탠더드 레시피 라이 위스키 3/4·스위트 베르무트 1/4·아로마틱 비터 1대시·마라스키노 체리 1개·레몬 필

우에다 레시피 라이 위스키(알베르타 스프링스 10년) 4/5·스위트 베르무트(친자노 로소) 1/5·마라스키노 체리 1개·레몬 필

사용 글라스 칵테일글라스

믹싱 글라스에 라이 위스키, 스위트 베르무트를 넣어 스터 한다. 칵테일글라스에 따르고 마라스키노 체리를 글라스에 장식한 뒤 레몬 필로 향기를 입힌다.

New York 뉴욕

　기포를 충분히 머금은 파스텔 톤의 핑크색이 시간이 지남에 따라 오렌지빛이 도는 핑크색으로 조금씩 변화해 간다. 하드 셰이크의 특징이 색의 변화로 나타나는 좋은 예이다.
　「뉴욕」은 다이키리 타입(136페이지 참조) 칵테일의 하나이다. 셰이크로 만들기 어려운 위스키를 쓰는 칵테일을 맛있게 만드는 키포인트는 산미와 감미의 밸런스로 셰이크를 할 때 나오는 위스키의 부정적인 맛을 잘 억누르는 것이다.
　위스키는 라이 위스키(캐나디안)를 사용하는 사람도 있지만, 나는 버번을 쓰고 있다. 네이밍도 어울리고 맛에서도 산미와 상성이 좋기 때문에 무게감 있게 완성되기 때문이다. 그중에서도 올드 그랑 대드는 허리 힘이 강하고, 하드 셰이크에 잘 맞는다. 하드 셰이크에는 이 정도의 무게감 있는 소재가 필요하다.
　그레나딘 시럽을 많이 넣어서 진홍빛 뉴욕을 만드는 사람도 있는데, 나는 그레나딘으로 파스텔톤의 색을 내고 슈거 시럽을 더해 확실한 단맛을 만들어내고 있다. 색의 이미지와 단맛의 보강이 이 칵테일의 포인트가 되겠다. 그레나딘 시럽은 석류의 맛을 강조하는 브랜드도 있지만, 나는 색이 가장 아름답게 나오는 메이지야의 그레나딘을 애용하고 있다.

스탠더드 레시피 라이 위스키 3/4·라임주스 1/4·그레나딘 시럽 1/2티스푼·설탕 1티스푼·오렌지 필

우에다 레시피 버번 위스키(올드 그랑 대드) 3/4·프레시 라임주스 1/4·그레나딘 시럽(메이지야) 1티스푼·슈거 시럽 1티스푼

사용 글라스 칵테일글라스

셰이커에 버번 위스키, 프레시 라임주스, 그레나딘 시럽, 슈거 시럽을 넣고 셰이크 한다. 칵테일글라스에 따르고, 취향에 따라 오렌지 필로 향을 입힌다.

Old-Fashioned
올드 패션드

마시는 사람이 자신의 취향대로 조절하여 마시는, 이름 그대로 매우 고전적인 스타일이지만 현재까지도 여전히 인기 있는 칵테일의 하나이다. 손님이 스스로 조절하며 즐기기 위한 칵테일이므로 위스키의 맛을 해치지 않도록 주의하며 마시기 쉽게, 다루기 쉽게 돕는 것이 중요하다.

일반적인 제조 방법에서는 각설탕에 비터만을 넣어 소다를 사용하지 않고 레몬 슬라이스를 1장 장식하는 것뿐인 온더록스 스타일을 취하는 경우가 많다. 나는 각설탕을 부수기 쉽도록 비터 이외에 탄산수를 조금 뿌려서 스며들도록 하고 있다. 그리고 올드 패션드를 요즘 시대에 맞추어 만들기 위해 크러쉬드 아이스를 사용하고 있다.

맛의 포인트가 되는 프루츠는 레몬, 라임, 오렌지 3종을 사용하여 마시는 사람의 여러 가지 취향에 부합할 수 있도록 조금 두껍게 잘라서 쓰고 있다. 그중에서도 단맛이 있는 오렌지는 맛의 밸런스를 생각하여 더 두껍게 자른다. 또한 과즙을 짜내기 쉽도록 머들러가 아닌 얇은 스푼을 준비한다.

베이스 위스키는 기본적으로 감귤류와 잘 맞는 버번 위스키를 사용하고 있지만, 브랜드는 손님의 취향에 맞추어 선택하며 특별히 지정해 두지는 않는다. 프랑스 등에서는 위스키 대신 브랜디를 베이스로 해서 즐기는 듯하다. 드라이 진이나 럼을 사용하는 경우도 있다.

스탠더드 레시피 라이 또는 버번 위스키 45ml·아로마틱 비터 2대시·각설탕 1개·오렌지 슬라이스 1장·레몬 슬라이스 1장·마라스키노 체리 1개

우에다 레시피 버번 위스키 45ml·각설탕(소) 1개·아로마틱 비터 1대시·소다 2대시·오렌지 슬라이스 1장·레몬 슬라이스 1징·라임 슬라이스 1장

사용 글라스 락 글라스(올드 패션드 글라스)

락 글라스에 각설탕을 넣고 아로마틱 비터를 뿌린 뒤, 소다를 조금 넣어 적신다. 크러쉬드 아이스를 7~8부까지 넣고 버번 위스키를 따른다. 오렌지 슬라이스, 레몬 슬라이스, 라임 슬라이스를 3장 포개어 글라스 안쪽 면에 밀착시키듯 넣는다. 마지막으로 스푼을 넣는다.

보드카 베이스

Russian 러시안

「러시안」은 베이스가 되는 스피릿이 두 종류여서 알코올 도수가 높은 칵테일이지만, 카카오의 단맛이 있어서 숨겨진 마담 킬러라고도 불린다. 스탠더드 레시피에는 셰이크가 지정되어 있지만 나는 일부러 스터를 한다.

「알래스카」나 「스팅거」와 같이 스피릿과 감미뿐인 조합이므로 하드 셰이크를 하더라도 기포가 유지되지 않는다. 따라서 셰이크에 이점이 없다면 이미지 그대로 드라이하게 완성시키기 위해 셰이크보다 스터로 만드는 게 좋지 않을까 생각한다. 단맛의 크렘 드 카카오를 반으로 줄여서 스터 하면 충분히 술의 개성을 살릴 수 있다.

셰이킹 하는 스탠더드 레시피는 3개의 재료가 동량으로 되어 있지만, 스터를 할 때는 밸런스가 달라진다. 러시안이라는 이름과 드라이 지향이라는 두 가지 관점에서 보드카의 비율을 높여 그만큼 크렘 드 카카오를 줄였다. 베이스와 감미의 비율이 2 대 1에서 5 대 1이 되자 단단하게 잡힌 맛으로 완성되어 마담 킬러가 아닌 꽤 알코올이 강한 칵테일이 되었다.

감미를 사용하고 있으므로 깊이 있는 부드러움을 느끼게 하는 칵테일글라스를 사용한다. 참고로 스탠더드 러시안에 생크림을 더한 칵테일을 「러시안 베어(Russian Bear)」라고 부른다.

스탠더드 레시피 보드카 1/3·드라이 진 1/3·크렘 드 카카오 브라운 1/3
우에다 레시피 보드카(스미노프) 3/6·드라이 진(비피터) 2/6·크렘 드 카카오 브라운 (디카이퍼) 1/6
사용 글라스 칵테일글라스

믹싱 글라스에 보드카, 드라이 진, 크렘 드 카카오를 넣어서 스터 한다. 칵테일글라스에 따른다.

Salty Dog 솔티 독

「솔티 독」은 영국에서 만들어진 칵테일로서 처음에는 드라이 진으로 만들어졌지만 세상에 퍼질 때에는 보드카로 바뀌어 있었다. 산뜻하고 프루티한 맛으로 전 세계에서 사랑받고 있다.

소금의 스노우 스타일을 채용한 것은 「마가리타」가 먼저인지 솔티 독이 먼저인지 정확하게는 알 수 없지만, 유럽에서는 소금이 직접 입에 닿는 것을 싫어하는 사람이 많아서 글라스 가장자리 반쪽에만 소금을 묻히는 '하프 문' 스타일도 자주 보인다. 또한 소금을 묻히지 않는 솔티 독을 털이 짧은 개에 빗대어 「그레이하운드」라고 부르고 있다.

맛을 좌우하는 것은 그레이프프루트주스이다. 사람에 따라 캔 주스를 사용하거나 프레시 주스에 섞어서 쓰기도 한다. 또한 프레시 주스를 하룻밤 재워놓고 사용하는 사람도 있다. 하지만 나는 갓 짜낸 프레시 그레이프프루트주스(화이트)를 사용한다. 과일의 맑은 맛과 신선한 향기를 위해서이다.

그러나 생과는 계절이나 산지에 따라 맛이 안정적이지 않다는 약점도 가지고 있다. 그래서 단맛이 적고 맛이 떨어지는 계절에는 손님에게 이 칵테일을 권하지 않는다. 이보다는 다른 칵테일을 추천하는 게 좋지 않을까 싶다.

프레시 그레이프프루트주스의 적량은 베이스와 같은 양에서 두 배 정도 사이이다. 갓 짜낸 주스는 맛이 섬세해서 얼음이 녹으면 밍밍해지기 쉽다. 이를 최대한 막기 위해 잘 녹지 않는 얼음을 1개 사용한다.

스탠더드 레시피 보드카 30~45ml · 그레이프프루트주스 적량
우에다 레시피 보드카(스미노프) 45ml · 프레시 그레이프프루트주스 적량
사용 글라스 락 글라스(상온)

소금의 스노우 스타일로 준비된 락 글라스에 큰 얼음을 1개 넣고 보드카, 프레시 그레이프프루트주스를 넣는다. 가볍게 스터 한다.

Moscow Mule
모스코 뮬

일반적인 칵테일과는 분위기가 조금 다르게 동 머그컵을 쓰는 것이「모스코 뮬」의 가장 큰 특징이다. 모스크 뮬은 미국 최초의 보드카 메이커인 휴브라인 사(스미노프)가 판촉용으로 세상에 알린 미국 태생의 칵테일이지만, 보드카의 원산지인 러시아의 수도 모스크바와 뮬(=노새)의 발차기처럼 강렬한 알코올과 생강의 향에서 따와 모스코 뮬이라고 이름 지어졌다.

본래 생강의 매운맛과 향이 강한 진저 비어로 만드는 칵테일이지만, 일본에서는 구하기가 힘들어서 대용품으로 진저 에일을 사용하는 것이 일반적이다. 진저 에일에도 몇 가지 브랜드가 있으며 맛도 다르다. 나는 비교적 매운맛이 강하고 생강의 향이 강한 윌킨슨을 사용하고 있다. 분량은 보드카와 동량 또는 1.5배 정도가 적당하다. 진저 에일이 너무 많으면 모스코 뮬이 지녀야 하는 강한 킥이 흐려져 버린다.

또한 스탠더드에서는 라임주스라고 표기되어 있지만, 나는 프레시 라임주스를 사용한다. 라임 반 개를 사용하는 사람도 있지만 머그컵 위에서 라임이 보이게끔 1/4 컷을 사용하고 있다. 또한 라임에 따라서 껍질의 두께나 과육의 상태가 다르기 때문에 과즙이 적을 때는 따로 짜 둔 프레시 라임주스를 넣어 보충하면 좋다.

머그컵은 입이 닿는 곳이 마시기 편하면서 겉에 서리가 잘 끼지 않는 2중으로 된 동잔을 사용하고 있다. 하지만 쨍하게 냉각된 느낌을 표현하기에는 2중으로 된 잔은 적합하지 않을지도 모른다. 또한 텀블러로 제공하는 경우에는 라임 반 개를 사용해서 머들러를 넣어「진리키」와 같은 스타일로 제공해도 좋다.

스탠더드 레시피 보드카 45ml · 라임주스 15ml · 진저 비어 적량
우에다 레시피 보드카(스미노프) 45ml · 프레시 라임주스 1/4 개 · 진저 에일(윌킨슨) 직량
사용 글라스 동 머그컵(냉동 보관)

크러쉬드 아이스를 넣은 동 머그컵에 보드카를 따르고 1/4 컷의 라임을 짜서 넣는다. 그 후 진저 에일을 넣는다.

Sea Breeze 씨 브리즈

「씨 브리즈」는 1990년대에 일본에 소개된 미국 태생의 칵테일이다. 여름을 이미지 한 칵테일이지만 강렬한 태양이 아닌 바다의 산들바람을 맞는 부드러움을 느끼게 하며, 내가 좋아하는 스탠더드 중 하나이기도 하다. 소프트드링크처럼 즐길 수 있는 가벼운 칵테일이다.

크랜베리주스라는 새로운 소재를 사용해 단맛이 적은 상큼함으로 사랑받고 있다. 빌드로 만드는 방법도 있지만, 일본에서는 몇 년 사이 유행하고 있는 셰이크 락 스타일이 대중화되고 있다. 크랜베리주스는 신맛이 있고 단맛이 적어서 저당, 저 알코올의 칵테일을 만드는 데 매우 편리한 재료이다. 오리지널 칵테일에도 충분히 활용 가능하다.

최근에는 여성들도 달지 않은 칵테일을 찾는 경향이 있다. 따라서 단맛을 줄이고 알코올 도수도 낮은 씨 브리즈는 특히 여성에게 인기 있다. 색은 강하지 않고 연한 편이 브리즈(산들바람)의 이미지에 잘 맞는다.

보드카를 조절하여 어레인지 함으로써 손님 취향의 알코올 도수에 맞추는 것은 좋지만 맛의 밸런스는 아슬아슬한 경계를 유지해야 한다. 그래서 알코올을 전혀 마시지 못하는 사람에게는 이것을 어레인지 해서 만든 「버진 브리즈」를 내어드리고 있다. 프레시 그레이프프루트주스와 크랜베리주스를 2 대 1의 비율로 셰이크 해서 온더록스 스타일로 제공하는 논 알코올 칵테일이다.

| 스탠더드 레시피 | 보드카 1/3 · 크랜베리주스 1/3 · 그레이프프루트주스 1/3 |

| 우에다 레시피 | 보드카(스미노프) 1/3 크랜베리주스(델몬트) 1/3 · 프레시 그레이프프루트주스 1/3 |

| 사용 글라스 | 락 글라스 |

셰이커에 보드카, 크랜베리주스, 프레시 그레이프프루트주스를 넣어 셰이크 한다. 락 글라스에 얼음을 넣어 따른다.

럼 베이스

Daiquiri 다이키리

3 대 1. 이것은 움직이지 않을 것 같은 스피릿과 산미의 베스트 밸런스이다. 산미가 확실하면서도 밸런스가 잡혀있는 것이 내가 숏 칵테일 스타일로 다이키리 타입을 분류해 놓은 이유이다.

「다이키리」가 탄생한 곳은 쿠바 남부에 있는 다이키리 광산이다. 혹독한 더위 속에서 고된 노동 중간에 쿠바 특산의 럼, 프레시 라임, 설탕을 섞어 마신 것이 시초라고 전해진다. 라임의 산미와 설탕이 피로한 몸을 달래주었을 것이다.

다이키리를 만들 때 가장 중요한 포인트는 레시피를 제대로 지키는 것이다. 이 과정이 맛있는 칵테일로 이어지는 유일한 방법이라고 해도 과언이 아니다. 알코올과 산미의 3 대 1 베스트 밸런스를 무너뜨리지 않는 것이다.

그 외에 내가 고집하는 부분은 프레시 라임주스를 사용하는 것이다. 레몬을 사용하는 곳도 있는 듯한데, 그것은 다이키리가 아닌 다른 칵테일이다. 다이키리가 태어난 배경을 떠올려 단맛도 신맛도 확실하게 남기고 싶다.

사용하는 주재료인 화이트 럼은 어느 브랜드라도 비교적 허리가 강하기 때문에 특별히 하드 셰이크에 적합, 부적합한 것은 없으므로 좋아하는 브랜드를 사용해도 좋다. 참고로 나는 레몬하트를 사용하고 있다. 글라스는 광산, 산미, 청량함을 이미지 하여 삼각형의 칵테일글라스를 사용한다.

스탠더드 레시피	화이트 럼 3/4 · 라임주스 1/4 · 설탕 1티스푼
우에다 레시피	화이트 럼(레몬하트) 3/4 · 프레시 라임주스 1/4 · 슈거 시럽 1티스푼
사용 글라스	칵테일글라스

셰이커에 화이트 럼, 프레시 라임주스, 슈거 시럽을 넣고 셰이크 한다. 칵테일글라스에 따른다.

Bacardi 바카디

1933년, 금주법 폐지를 계기로 럼 메이커 바카디 사가 판매촉진용으로 만든 칵테일이다. 「바카디」는 이름처럼 반드시 바카디 사의 화이트 럼을 사용하도록 지정되어 있으며, 바카디 화이트 럼 이외의 다른 럼으로 바카디를 만들어 판매한 뉴욕의 한 바에게 뉴욕 고등법원이 '바카디는 바카디 사의 럼을 사용하여 만들어야 한다.'라는 판결을 내린 유명한 에피소드도 있다.

바카디의 원형은 「다이키리」이다. 다이키리에 그레나딘 시럽을 더하여 핑크색으로 어레인지 한 칵테일이며, 포인트는 이 미묘한 색 만들기에 있다. 그레나딘 시럽으로 색과 감미를 더하는 것이지만, 그레나딘만으로 필요한 감미를 더하려고 하면 독특한 맛이 너무 강해지고 색도 진해져 버린다. 따라서 그레나딘 시럽은 어디까지나 색을 입히는 정도의 분량으로 하고 감미는 슈거 시럽으로 보충한다. 이 가감이 중요하다.

바카디의 핑크색을 다이키리 광산에 석양이 내리는 색과 비유해 다이키리라고 부르기도 하는데, 다이키리는 백색, 바카디는 핑크가 세계적인 추세이다.

다이키리는 광산의 이미지로 샤프한 폼의 글라스가 어울리지만, 색의 이미지를 떠올려 둥근 글라스를 추천하고 싶다.

스탠더드 레시피 바카디 럼 화이트 3/4·라임주스 1/4·그레나딘 시럽 1티스푼
우에다 레시피 바카디 럼 화이트 3/4 프레시 라임주스 1/4·그레나딘 시럽(메이지야) 1티스푼·슈거 시럽 1티스푼
사용 글라스 칵테일글라스

셰이커에 바카디 럼, 프레시 라임주스, 그레나딘 시럽, 슈거 시럽을 넣고 셰이크 한다. 칵테일 글라스에 따른다.

Frozen Daiquiri
프로즌 다이키리

「프로즌 다이키리」는 쿠바의 하바나에서 탄생한 칵테일로서 헤밍웨이가 좋아했던 것으로 매우 유명하다. 뜨거운 태양이 내리쬐는 바닷가에서 머릿속까지 얼어버릴 듯 차가운 칵테일을 즐기는 헤밍웨이의 모습이 눈에 선하다.

스탠더드 스타일은 내가 만드는 매끄러운 셔벗 형태보다 좀 더 액체에 가깝다. 헤밍웨이가 즐겨 마시던 것도 여기에 가까운 형태이다. 얼음을 적게 사용하면 액체에 가깝게 되지만 어떻게 하더라도 싱겁게 느껴져 버린다. 그래서 나는 얼음을 좀 더 많이 써서 매끄러운 셔벗 타입으로 완성시킨다. 마신다기보다는 떠먹는 칵테일이라는 이미지이다. 하지만 얼음이 너무 많으면 맛이 옅어져서 실패하게 되므로 처음에는 블렌더에 얼음을 적게 넣고, 상황을 보면서 얼음을 조금씩 보충해서 원하는 질감으로 만드는 것이 좋다.

그리고 마라스키노 대신에 화이트 큐라소인 쿠앵트로를 한정하여 사용하고 있다. 쿠앵트로를 사용하면 슈거 시럽만으로는 만들 수 없는 맛의 두께가 생겨난다. 그리고 청량감을 더하기 위해 민트 잎을 장식한다.

프로즌 다이키리는 프로즌 칵테일의 원점이라고도 일컬어지며 여러 가지 제법으로 어레인지 되고 있다. 마라스키노를 사용하는 사람도 있는가 하면 라임의 껍질을 블렌더에 넣는 사람도 있다. 또한 과일의 과육을 넣는 프로즌 스타일도 인기 있다. 딸기나 복숭아, 바나나 등 과육에 매끄러운 점도가 있는 과일이 잘 어울린다. 레몬 등을 주스로 사용하는 경우에는 매끄러움이 없으므로 머랭 상태의 흰자를 소량 더하여 만들면 좋다.

스탠더드 레시피 화이트 럼 45ml·마라스키노 1티스푼·라임주스 15ml·설탕 1티스푼·크러쉬드 아이스 적량

우에다 레시피 화이트 럼(레몬하트) 45ml·쿠앵트로 1티스푼·프레시 라임주스 15ml·슈거 시럽 1티스푼·크러쉬드 아이스 1컵·민트 잎

사용 글라스 쿠페형 샴페인 글라스 또는 칵테일글라스

블렌더에 화이트 럼, 쿠앵트로(화이트 큐라소), 프레시 라임주스, 슈거 시럽, 크러쉬드 아이스를 넣고 돌린다. 샴페인 글라스에 넣고 스푼과 빨대를 더한 뒤 민트 잎으로 장식한다.

테킬라 베이스

Margarita 마가리타

1949년, 칵테일 콩쿠르를 위해 로스앤젤레스의 쟝 듀레서가 탄생시킨 「마가리타」. 사냥터에서 오발탄에 의해 목숨을 잃은 젊은 시절의 연인 이름을 딴 이 작품은 로맨틱한 비련의 이야기로 일약 유명해져 전 세계에서 사랑받는 칵테일이 되었다. 그전까지는 스노우 스타일이라고 하면 설탕을 사용하는 경우가 많았으나 마가리타는 소금을 사용한 것이 큰 특징이다. 소금의 쓴맛으로 슬픔을 표현한 것일까?

테킬라 45㎖, 라임주스 30㎖, 레몬주스 30㎖, 화이트 큐라소 7㎖를 블렌더에 넣어 만드는 방식이 초기 레시피이며, 이 레시피를 보면 알 수 있듯이 신맛이 극단적으로 강한 다이키리 타입의 칵테일이다. 블렌더로 잘게 부순 얼음이 들어 있어서 프로즌 칵테일과 비슷한 형태로 보면 된다.

이후로 세상에 알려지면서 점차 세련되고 산미를 가진 사이드카 타입의 레시피로 바뀌어 갔고, 제조법도 보다 간편하게 셰이크 하게 되었다. 다만 산미를 좋아하는 손님에게는 원형에 가까운 다이키리 타입으로 어레인지 해서 드리는 게 좋다.

사용하는 라임주스는 프레시를 준비해 둔다. 또한 칵테일의 특징인 스노우 스타일이 예쁘게 보이도록 글라스는 차게 하지 않고 상온의 것을 사용하며, 글라스 끝까지 꽉 차게 따르지 않는 편이 좋다. 또한 베리에이션으로 「프로즌 마가리타」도 인기이다. 통상 프로즌 스타일의 칵테일에는 빨대를 제공하지만 이 칵테일은 스노우 스타일을 즐기는 것이므로 일부러 빨대 없이 제공한다.

스탠더드 레시피 테킬라 2/4 · 화이트 큐라소 1/4 · 라임주스 1/4
우에다 레시피 테킬라(사우자) 4/6 · 쿠앵트로 1/6 · 프레시 라임주스 1/6
사용 글라스 칵테일글라스(상온)

셰이커에 테킬라, 쿠앵트로(화이트 큐라소), 프레시 라임주스를 넣어서 셰이크 한다. 소금의 스노우 스타일로 준비된 칵테일글라스에 따른다.

리큐르 베이스

Grasshopper
그래스호퍼

「그래스호퍼」는 생크림을 사용하는 대표적인 칵테일로서 섞기 어렵고 농도가 있는 생크림과 리큐어를 잘 융합하기 위해 하드 셰이크 기술이 매우 적합하다. 셰이커의 표면에 확실하게 서리가 낄 정도로 길고 강한 셰이킹으로 인해 생크림과 리큐어가 휘핑크림과 같은 폭신폭신한 식감으로 변화한다.

그래서 하드 셰이크를 익힐 때 본인의 셰이킹 수준이 어느 정도인지 확인할 수 있는 칵테일로 가장 적합하다. 생크림과 단맛이 있는 리큐어를 조합하므로 기포 발생이 용이하다. 확실하게 휩 상태가 되면 얼추 하드 셰이킹이 가능해졌다고 할 수 있다. 하지만 도가 지나치면 물맛이 나버리므로 주의하지 않으면 안 된다.

스탠더드 레시피는 3종류의 재료를 같은 양으로 넣지만, 나는 크렘 드 카카오를 많이 넣고 페퍼민트 그린과 생크림은 보조하는 정도로 밸런스를 잡는다. 다만 생크림은 가급적 유지방 함량이 높은 것을 사용하여 풍미를 더하고 있다.

'그래스호퍼'는 메뚜기라는 뜻인데, 칵테일의 색으로 인해 이렇게 명명되었다. 색을 내기 위해 크렘 드 카카오는 화이트를 쓰지만 브라운 쪽이 맛은 더 좋다. 색보다 맛을 중시한다면 화이트와 브라운을 반반 사용해도 좋다고 생각한다. 하지만 브라운만 사용하면 초록 메뚜기가 아닌 갈색 메뚜기가 되어버리므로 주의해야 한다.

스탠더드 레시피 크렘 드 카카오 화이트 1/3·크렘 드 민트 그린 1/3·샌크림 1/3
우에다 레시피 크렘 드 카카오 화이트(볼스) 1/2·그린 민트(제트27) 1/4·생크림 1/4
사용 글라스 칵테일글라스

셰이커에 크렘 드 카카오, 그린 민트, 생크림을 넣어 셰이크 한다. 칵테일글라스에 따른다.

Valencia 발렌시아

오렌지의 명산지인 스페인 발렌시아에서 이름을 딴 칵테일 「발렌시아」. 아프리콧 브랜디와 오렌지주스의 단맛이 있는 조합이지만, 꾸덕한 단맛이 아닌 향긋한 오렌지 향의 상큼한 단맛으로 여성에게 특히 인기가 있다.

이 두 재료의 조합은 마시는 사람의 취향에 따라 분량을 반대로 하거나 그레나딘 시럽으로 단맛을 더하는 등 어레인지 하기가 쉽지만, 발렌시아로 내놓을 때는 오렌지주스와 아프리콧 브랜디의 비율이 1 대 1까지가 허용범위이다.

아프리콧 브랜디는 색과 향이 좋은 르제 사의 크렘다브리코를 사용하고 있다. 오렌지는 계절이나 산지에 따라 맛의 편차가 꽤 심하다. 단맛이 적을 때는 아프리콧 브랜디의 양을 늘리고, 단맛이 강할 때는 적게 넣는 등의 가감이 필요하다. 어레인지 가능 범위 내에서 손님의 알코올 허용치를 생각하여 만들기 바란다.

겨울철에 출하하고 있는 네이블오렌지(껍질이 매끈하고 꼭지가 배꼽처럼 들어가 있는 종)는 과즙이 적어서 나는 가급적이면 칵테일의 이름과 같은 발렌시아 종으로 만들려고 한다. 비터에 관해서는, 안타깝게도 더 이상 쓴맛이 있는 비터는 입수할 수 없다.*양질의 비터를 입수할 수 없다면 오히려 넣지 않는 편이 깔끔한 맛으로 완성되므로 현재는 사용하지 않고 있다.

---

* 이 글이 쓰여질 당시의 상황상 입수할 수 없었다는 뜻이다.

스탠더드 레시피	아프리콧 브랜디 2/3 · 오렌지주스 1/3 · 오렌시 비티 4대시
우에다 레시피	크렘다브리코(르제) 2/3 · 프레시 오렌지주스 1/3
사용 글라스	칵테일글라스

셰이커에 크렘다브리코(아프리콧 브랜디), 프레시 오렌지주스를 넣고 셰이크 한다. 칵테일글 라스에 따른다.

Charlie Chaplin
찰리 채플린

「찰리 채플린」은 셰이크 해서 온더록스에 제공하는 셰이크 락 스타일로서 비교적 최신 칵테일의 하나이다. 셰이크 락 스타일의 이점은 셰이크 한 칵테일을 보냉할 수 있다는 것이다. 반면, 얼음을 넣는 것으로 맛이 흐리멍덩해질 가능성도 생겨난다. 이를 방지하려면 무엇보다도 확실한 셰이킹 기술이 필요하게 된다. 꽉 잡히게 완성시키는 것이 최대의 포인트이다.

앞서 「발렌시아」에도 등장한 재료인 크렘다브리코는 아프리콧 브랜디의 한 종류이며, 특히 르제 사의 제품은 색이 아름답고 향이 강해 나는 주로 이것을 쓰고 있다. 슬로 진은 자두의 한 종류인 슬로 베리의 리큐어로서 진홍색을 띠고 있다. 예전에는 비교적 감미가 적은 플레이버드 진이였지만, 현재는 감미가 강한 리큐어적인 맛으로 변해버렸다. 참고로 비중이 가벼워서 플로트 스타일의 오리지널 칵테일 「쿄우니시키」에 사용하고 있었는데, 현재는 무거워졌기에 안타깝게도 쿄우니시키는 더 이상 만들 수 없는 칵테일이 되어 버렸다.

문자로는 표현이 힘든 미묘한 분량이지만, 나는 크렘다브리코보다 슬로 진을 아주 조금 더 넣고 있다. 셰이크 락이라는 상큼함을 주는 스타일이어서인지 리큐어 베이스의 칵테일치고는 산뜻한 맛으로 완성된다.

스탠더드 레시피 슬로 진 1/3·아프리콧 브랜디 1/3·레몬주스 1/3
우에다 레시피 슬로 진(볼스) 1/3·크렘다브리코(르제) 1/3·프레시 레몬주스 1/3
사용 글라스 락 글라스

셰이커에 슬로 진(슬로 베리 리큐어), 크렘다브리코(아프리콧 브랜디), 프레시 레몬주스를 넣어서 셰이크 한다. 락 글라스에 얼음을 넣어 따른다.

Bellini 벨리니

「벨리니」는 이탈리아 베네치아의 명점 '해리스 바'의 쥬세페 치프라아니가 1948년 화가 지오반니 벨리니의 전람회를 위해 제작한 칵테일이다. 이 칵테일이 일본에 퍼진 것은 최근의 일이다.

제작 당시의 배경을 생각해 보면 이탈리아의 발포주 스푸만테를 사용하는 것이 옳을지도 모르겠으나 나는 보다 섬세한 맛의 샴페인을 사용함으로써 칵테일 등급을 한층 높였다. 연한 복숭아 향이 샴페인의 기포를 타고 퍼지는 벨리니는 텐더의 인기 칵테일 중 하나이다.

벨리니의 맛을 결정하는 피치 넥타는 백도 통조림에 피치 리큐어, 그레나딘 시럽 등을 믹서에 갈아 만든 홈메이드이다. 이 넥타에 그레나딘 시럽을 넣었기 때문에 레시피에는 따로 표기하지 않았다. 백도의 풍미를 방해하지 않기 위해 아무쪼록 너무 많이 넣지 않길 바란다. 홈메이드 넥타는 한 번에 많이 만들어서 보관해 두었다가 다른 오리지널 칵테일에도 이용하고 있다(221페이지 참조).

샴페인의 세밀하게 피어오르는 기포를 소중히 하기 위해서 우선 글라스에 샴페인을 따르고, 그다음 피치 넥타를 조심스럽게 따른다. 그리고 천천히 스터한다. 샴페인과 피치 넥타 모두 냉장 보관하는 것은 말할 것도 없다.

이것을 클리어해서 제조할 수 있게 된다면 해리스 바를 뛰어넘는 것도 꿈은 아니다.

스탠더드 레시피 스파클링 와인 2/3 · 피치 넥타 1/3 · 그레나딘 시럽 1대시
우에다 레시피 샴페인 브뤼 3/4 · 피치 넥타(홈메이드) 1/4
사용 글라스 플루트형 샴페인 글라스

샴페인 글라스에 샴페인을 따른다. 여기에 피치 넥타를 조심히 따라서 몇 번 스터 하여 제공한다.

Bamboo 뱀부

식전주로 최적인 깔끔한 맛의 칵테일 「뱀부」. 더욱 클리어한 맛을 내기 위해서 일부러 오렌지 비터를 쓰지 않고, 대신 레몬 필의 상큼한 향을 얹는다.

「아도니스」의 스위트 베르무트를 드라이 베르무트로 바꾸어 이름도 '대나무'라고 붙이고 일본을 이미지화하여 만들어진 칵테일로서 고안한 사람은 요코하마 뉴 그랜드 호텔 창업 당시의 치프 바텐더 루이스 에핑거이다. 요코하마를 방문하는 외국인 내항자를 위해 만들어진 것으로 그들에 의해 세계로 퍼져 나간 일본 태생의 칵테일이다.

이 칵테일의 최대 포인트는 뭐니 뭐니 해도 스터의 기술이다. 깔끔하게 섞고, 확실하게 냉각시킨다. 심플한 재료의 조합인 만큼 이 기술이 더더욱 중요하다.

차갑게 스터 한 투명감 있는 뱀부는 가늘고 샤프한 느낌의 글라스에 서브한다. 더 드라이한 것을 바라는 경우라면 아슬아슬하게 5 대 1까지 드라이 베르무트를 줄여도 괜찮다.

아도니스, 뱀부의 어레인지로서 로제 베르무트를 사용한 오리지널 칵테일 「쁘띠 프렐류드」가 있다. 드라이 셰리 3에 로제 베르무트 1을 조합해 스터 한다. 약초의 옅은 냄새와 고급스러운 와인의 향이 나는 로제 베르무트를 사용하므로 부드러운 향기를 살리기 위하여 레몬 필은 하지 않고 있다.

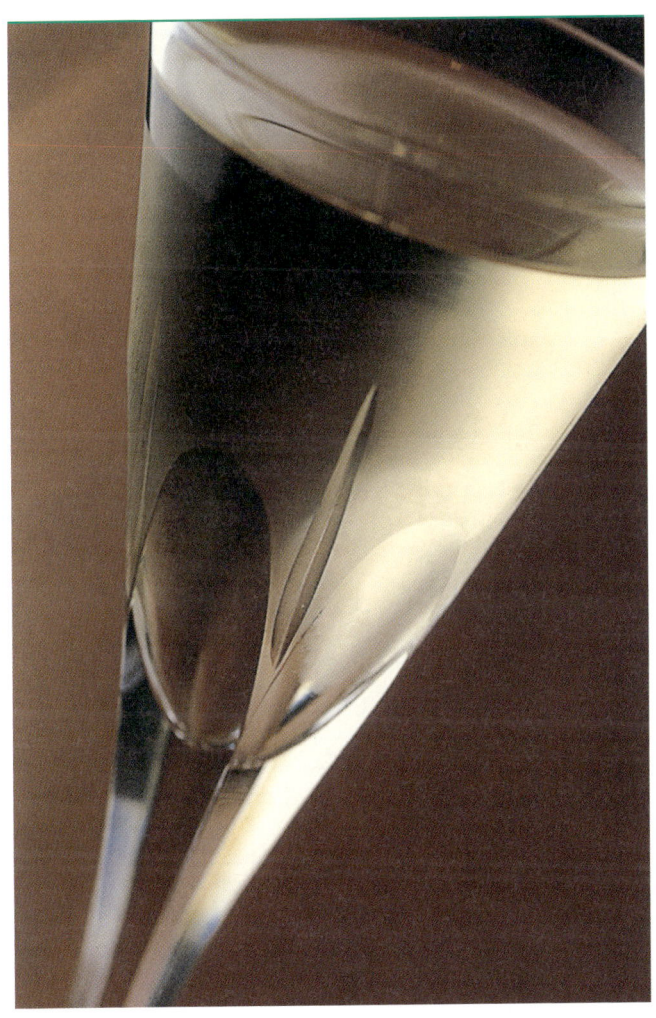

스탠더드 레시피 드라이 셰리 2/3·드라이 베르무트 1/3·오렌지 비터 1대시
우에다 레시피 드라이 셰리(티오페페) 3/4·드라이 베르무트(노일리 프랏) 1/4·레몬 필
사용 글라스 칵테일글라스

믹싱 글라스에 드라이 셰리, 드라이 베르무트를 넣어서 스터 한다. 칵테일글라스에 따르고 레몬 필로 향을 더한다.

Kir Royal 키르 로열

키르의 드라이한 화이트 와인을 샴페인으로 바꾼 호화로운 「키르 로열」. 샴페인을 사용한 대표적인 칵테일로서 식전주로 인기가 많다.

   베이스가 되는 샴페인은 키르와 같이 드라이한 타입을 고른다. 나는 일본인의 기호에 맞게 스탠더드보다 카시스를 조금 적게 넣어 샴페인의 향을 살리려 하고 있다. 이 정도의 단맛이 적당히 식욕을 돋우어 주어 식전주로 적합하다고 생각하기 때문이다. 또한 얼음을 사용하지 않으므로 샴페인과 글라스는 차갑게 해두는 것이 중요하다.

   최근 각국의 스파클링 와인이 저렴하게 유통되고 있다. 물론 이런 제품들로 만들 수 없는 건 아니지만, 샹파뉴 방식으로 만들어진 샴페인을 사용하여 로열이라는 이름처럼 맛과 향에 호화로움을 전하고 있다.

   샴페인은 가급적 그날 안에 사용하는 것이 이상적이나 전용 스토퍼를 사용하면 이틀은 버틸 수 있다. 사용하는 크렘 드 카시스는 원래 맛과 색이 변하기 쉬운 리큐어인데 르제 사의 것은 색도 진하고 보관도 용이하다.

   빌드로 만들지만 우선 크렘 드 카시스를 따른 다음 최대한 기포가 날아가지 않게 샴페인을 조심스레 따르면 섞기 쉽다. 샴페인에 금속이 닿으면 그다지 좋

스탠더드 레시피 샴페인 4/5·크렘 드 카시스 1/5
우에다 레시피 샴페인 브뤼 9/10·크렘 드 카시스(르제) 1/10
사용 글라스 플루트형 샴페인 글라스

샴페인 글라스에 크렘 드 카시스를 따른다. 샴페인을 몇 회에 걸쳐 조심스럽게 따른다. 바 스푼을 1회 넣어서 자연스럽게 섞는다.

지 않기에 가급적 금속 바 스푼을 사용하지 않으려 하고 있다.

　샴페인을 사용한 칵테일은 이 외에도 많이 있다. 오렌지주스를 넣으면 「미모사」, 흑맥주를 넣으면 「블랙 벨벳」, 피치넥타를 넣으면 「벨리니」, 블랙 삼부카를 넣으면 「블랙 레인」, 크렘 드 프람보아즈를 넣으면 「키르 임페리얼」이 되는데 이들 대부분이 식전주로 이용되고 있다.

이 기본 분류를 머릿속에 넣고 있으면 오리지널의 창작에 많은 도움이 된다.

	사이드카 타입 4 대 1 대 1	다이키리 타입 3 대 1
특징	스탠더드에서 베이스의 술과 단맛, 신맛의 비율이 2 대 1 대 1인 칵테일. 감, 산미가 삼위일체가 되는 조합이 특징이다. 나는 4 대 1 대 1까지 드라이하게 하고 있다.	베이스의 술과 산미의 비율이 3 대 1. 감미를 절제하고 있으므로 그만큼 산미가 특징이 되고 있다. 감미는 슈거 시럽을 사용하고 있다.
칵테일	화이트 레이디	김렛
	사이드카	잭 로즈
	마가리타	뉴욕
	발랄라이카	다이키리
	XYZ	바카디
	올림픽	슬레지해머
	샹젤리제	
	파라다이스	
	플라밍고	
	블루문	
	카미카제	
	모킹버드	

CHAPTER 03
오리지널 칵테일

매력을 고조시키는 색의 묘미

형광으로 빛나는 푸른 산호초가 글라스 주변을 둘러싸고 있는 시티 코랄은 산호초를 형상화한 코랄 스타일로 장식한 칵테일이다. 눈에 띄게 선명한 청록색이 상쾌한 바다의 인상을 더하고 있다.

이처럼 칵테일의 매력을 높여주는 하나의 효과로써의 색 조합에 대해 이야기해 보자.

칵테일이 여러 가지 재료로 만들어진다는 것은 이미 이야기했으나 술, 그중에서도 리큐어는 선명한 색을 가진 것들이 많다. 당연히 조제한 칵테일에도 색이 입혀지게 되는데, 그렇게 만들어진 색은 칵테일의 이미지를 표현하는 중요한 수단이 된다.

또한 여러 가지 재료를 조합하는 것으로 예상외의 예쁜 색이 나오는 경우도 있다. 예를 들면, 블루 큐라소(블)와 위스키. 이것은 오리지널 칵테일 킹스 밸리에 사용한 조합인데, 블루 큐라소와 다른 재료들의 조합을 시험해 보다가 발견한 색으로써 녹색의 소재를 사용하지 않고 녹색을 표현하게 된 경우이다.

그 외에도 카로스 큐마에서 사용했던 멜론 리큐어(녹색)와 아프리콧 브랜디(주황)를 조합할 때 만들어지는 노란색, 블루 큐라소와 그레이프프루트주스를 조합하여 만들어지는 연한 파스텔 블루 등도 인상적인

색상이다. 참고로 빨간색을 표현하기는 매우 어려웠다. 빨강은 지금껏 여러가지 조합을 시도해 봤지만 만들 수 없었던 색이다.

또한 색의 보강재로써 소량의 리큐어를 더하는 경우가 있다. 복수의 재료를 조합함으로써 본래 가지고 있던 색이 흐려져버린 경우나 혹은 그 색을 보다 더 강조하고 싶을 때 사용할 수 있는 방법이다. 녹색을 진하게 표현하고 싶은 경우에는 파란색 소재를 더하고, 파랑을 더욱 깊게 표현하고 싶을 때는 빨간색 소재를 더하면 효과적이다.

칵테일을 창작하는 데 있어서 색이나 데코레이션은 중요한 요소가 된다. 그러나 신박함을 뽐낼 수 있으면 되는 것이 아니라 어디까지나 손님에게 사랑받으며 계속 찾을 수 있는 맛으로 완성시키는 것이 중요하다.

이런 의미에서 오랜 시간 이어져 온 스탠더드 칵테일의 정석을 확실하게 익히는 것이 오리지널 칵테일을 만드는 데 필수적이라 할 수 있다.

✦ 색의 조합 ✦

파란색의 블루 큐라소(사진 왼쪽)와 노란색의 위스키(사진 중앙)를 섞으면 그 중간에 위치한 녹색의 「킹스 밸리」(사진 오른쪽)가 만들어진다.

주황색의 아프리콧 브랜디(사진 왼쪽)와 녹색의 멜론 리큐어(사진 중앙)를 섞으면 그 중간에 위치한 노란색의 「카로스 큐마」(사진 오른쪽)가 만들어진다.

녹색의 멜론 리큐어에 파란색의 블루 큐라소를 소량 더하면 녹색이 짙어지는 효과가 있다. 「시티 코랄」의 경우 녹색의 멜론 리큐어(사진 왼쪽)에 그레이프프루트주스(사진 왼쪽에서 두번째)를 조합하므로 녹색이 희석되어 노란색(사진 중앙)이 된다. 여기에 파란색의 블루 큐라소(사진 오른쪽에서 두번째)를 더하는 것으로 노란색이 선명한 녹색(사진 오른쪽)으로 돌아오는 효과를 보였다.

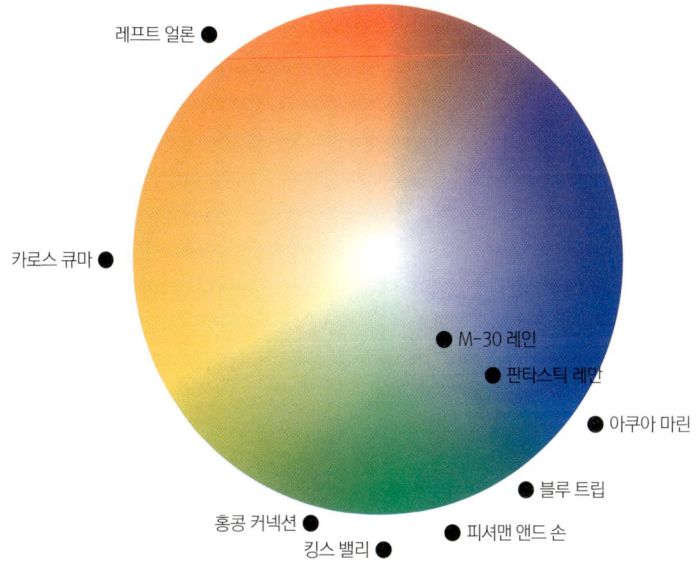

콩쿠르 작품

Pure Love 퓨어 러브

전 일본 바텐더 협회(ANBA)에 들어간지 얼마 되지 않았던 1979년, 팔레스 호텔에서 개최된 전국 대회에 나가 생애 최초로 '콩쿠르'라는 것을 경험하게 되었다. 회장 전체에는 찌릿찌릿한 긴장감이 돌았고, 단상에서 기술을 선보이는 모습을 직접 눈으로 보게 되어 큰 충격을 받았다. 이때의 감동은 적지 않은 나이에도 불구하고 출전을 결심하는 방아쇠가 되었다. 15년의 경험과 일의 성과를 세상에 묻고 싶어진 것이다.

때마침 1979년은 산토리의 트로피컬 칵테일 원년으로 그때부터 칵테일 마케팅을 준비하던 시기였다. 4~5년 후에는 칵테일 붐이 일 것이라는 예감도 있었고, 다음 해에는 태어난 때와 같은 원숭이띠 해이기도 해서 꼭 도전해 보고 싶다는 마음이 점점 커져갔다.

그렇다고는 하지만 곧 36세가 되는 나에게 있어 첫 콩쿠르는 아무래도 늦은 데뷔였다. 콩쿠르 창작 부문에서 20대 출전자가 대부분인 와중에 홀로 나이 먹은 자신이 겸연쩍었고, 이 나이에 다른 어린 바텐더들에게 지면 안 된다는 압박감도 크게 덮쳐왔다. 하지만 지금 돌이켜 보면 협회에 들어간 다음 해에 전국 대회에 나갈 수 있게 된 것은 단지 운이 좋았다고밖에 말할 수 없다.

---

* 현재는 르제 사의 제품을 사용하고 있다.

드라이 진(고든) 30ml · 크렘 드 프람보아즈(가브리엘*) 15ml · 프레시 라임주스 15ml · 진저 에일(캐나다 드라이) 적량

사용 글라스 칵테일글라스

셰이커에 드라이 진, 크렘 드 프람보아즈, 프레시 라임주스를 넣어서 셰이크 한다. 텀블러에 따르고 쪼갠 얼음 2~3개를 넣어 진저 에일로 마무리한다. 라임 슬라이스를 글라스 가장자리에 장식한다.

*1980년 전 일본 바텐더협회 주관 칵테일 공모전 전국대회 창작부(롱 드링크스) 첫 출전 우승.

「퓨어 러브」는 엄밀히 말하면 두 번째 콩쿠르 출품작이다. 첫 번째는 1980년 4월에 전국 대회 출장이 결정된 후 '제1회 산토리 트로피컬 칵테일 콘테스트'에 출전해서 발표한 「파피토」라는 오리지널 칵테일이다. 사람들 앞에 서는 것, 콩쿠르라는 분위기를 전국 대회 전에 체험해 두고 싶었기 때문이다. 퓨어 러브 제작의 원점에는 「진피즈」가 있다. 일본의 초창기 칵테일은 진 베이스가 대부분을 차지하고 있었고, 그중 가장 대표적인 칵테일이 진피즈이다.

롱 드링크는 숏 드링크에 소다 등을 넣어 양을 늘리는 방식이 기본이다. 그 기본에 준거하여 우선 베이스는 진으로 결정했다. 그다음으로 산미와 감미는 레몬주스 대신 당시에는 잘 사용하지 않던 프레시 라임주스를 넣고, 슈거 시럽 대신 당시 수입량이 적어 별로 보급되지 않았던 프람보아즈 리큐어를 사용했다. 콩쿠르에서는 새로움도 중요한 평가 요소 중 하나가 된다.

그다음은 이것을 무엇으로 업 시킬 것인가였다. 우선 탄산수를 넣어 봤으나 기본 칵테일을 살리지 못했다. 단맛으로 볼륨감을 넣어보려는 생각에 토닉 워터로 시도해 보았으나 조금은 청량감이 떨어졌다. 그래서 진저 에일로 해보면 어떨까 하고 넣어봤더니 딱 맞았다. 이렇게 출품작이 탄생했다.

네이밍은 당시 몸담았던 시세이도(시세이도 팔러의 '바 로오제')의 캠페인 테마 '마이 퓨어 레이디'에서 '퓨어'를 따고 상큼 달콤한 맛의 칵테일이므로 '러브'라고 붙였다. 퓨어 러브 → 순수한 사랑 → 첫사랑 → 두근두근(도키메키)이 되어 이 칵테일의 일어명은 「도키메키노코이(두근두근한 사랑)」이다.

이렇게 완성된 퓨어 러브를 들고 개최지 히로시마로 갔다. 사전 트레이닝 방식도 알지 못한 채 기합만으로 임했다. 다만 한 가지 마지막까지 고민했던 점은 글라스에 얼음을 넣는 타이밍이었다. 콩쿠르에서는 한 번에 5인분의 칵테일을 만든다. 경험자에게 물으니 얼음을 먼저 넣으면 분량이 일정하지 않아도 약간의 차이는 눈에 띄지 않으므로 보통은 얼음을 먼저 넣는다고 했다.

하지만 분량은 중요한 포인트이므로 확실히 어필하는 것이 좋지 않을까 생각했다. 게다가 회장의 열기를 생각하면 분명 얼음을 먼저 넣을 경우 녹아버려서 칵테일이 밍밍해져 버릴 게 분명했다. 그렇게 대회 전날까지도 쓸쓸한 호텔 방에서 얼음을 넣을 타이밍을 정하지 못하고 고심하다 결국 한숨도 못 자고 아침이 밝았다.

당일 날씨는 비. 나는 두 번째 선수였다. 대회에서는 출전 순서가 빠르면 비교적 점수가 낮게 매겨지는 경향이 있다. 하지만 남은 사람들의 연기를 보지 않아도 됐던 건 결과적으로 좋게 작용했다.

결국 나는 스스로 생각했던 대로 카운터에 올라가 있던 텀블러에 셰이크 한 칵테일을 따랐다. 5개의 수위가 제각각이면 끝이다. 자신을 믿는 수밖에 없었다. 5잔째 따르자 분량이 딱 맞아 떨어졌다. 성공이었다. 그곳에서 이기고 지는 걸 신경 쓸 여유는 손톱만큼도 없었지만, 해내야 되는 일을 해낸 스스로의 작업에 만족했다.

결과는 우승이었다. 평가받은 부분은 재료의 참신함과 출전자 중 유일하게 얼음을 나중에 넣은 그 사고방식일 것이다. 긴장이 풀리자마자 위에 통증이 왔다. 이후 콩쿠르에서 위약은 나의 필수품이 되었다.

첫 우승 직후 영광스럽게도 ANBA의 임원에 임명되어 신세를 지게 되었다. 순조로운 흐름이었다. 이러한 어려움이 있어서인지 지금도 가장 기억에 남는 오리지널 칵테일은 첫사랑, 퓨어 러브이다.

Fantastic Leman
판타스틱 레만

「판타스틱 레만」은 내 첫 세계대회 출품작이다. 개최지는 스위스 제네바. 주최국으로부터 도착한 사용 재료 리스트에 당시로서는 흔치 않던 니혼슈(일본 술)가 들어 있어서 베이스로 망설임 없이 니혼슈를 선택했다. 하지만 니혼슈는 맛에 임팩트가 없다. 어떤 재료와 조합하면 좋을지 고민한 끝에 당시 팔레스 호텔에 재직 중이던 고(故) 이마이 키요시 씨에게 도움을 받아 제네바의 레만 호수를 표현하기로 결정하고, 우선 색을 정하는 일부터 시작했다.

색이 없는 술 중에서 맛의 핵심이 될 재료로 쿠앵트로를 선택하고, 스위스의 특산품인 데토링 사의 키르슈바서를 더하기로 했다. 세계대회에서는 개최국에 경의를 나타내기 위해 현지 술을 사용하는 경우가 자주 있다. 산미는 프레시 레몬주스로 구성했다. 그리고 맛에 볼륨을 더하기 위해 소다가 아닌 토닉 워터를 넣었다. 어찌 되었든 투명한 재료만을 사용했다. 마지막에 호수의 심도와 투명감을 나타내기 위해 블루 큐라소를 조심스럽게 가라앉혀 그라데이션을 표현했다. 베이스로 니혼슈를 사용하지만 전면에 내세우지는 않고 쿠앵트로와 레몬주스로 맛을 정하여 니혼슈를 감싸 안듯이 완성시켰다.

도착 후 로잔스 산의 중턱에서 레만 호수를 내려다 보니 글라스 안의 색과 조금도 다르지 않은 게 아닌가! 이때의 감동은 지금도 잊을 수 없다.

하지만 정작 대회 당일 회장에 준비되어 있던 것은 보라색의 블루 큐라소였다. 일본에서 니혼슈는 가져갔지만 설마 블루 큐라소에서 사고가 터질 줄은 예상하지 못했다. 어쩔 수 없이 그대로 사용했지만 당연하게도 레만 호수의 색을 표현하기는 불가능했다. 문자 그대로 '환상의 레만'이 되어 버린 것이다.

니혼슈 5/10 · 쿠앵트로 3/10 · 키르슈 리큐어(볼스) 1/10 · 프레시 레몬주스 1/10 · 토닉 워터 적량 · 블루 큐라소(볼스) 1티스푼

사용 글라스 콜린스 글라스

셰이커에 니혼슈(혼조죠주), 쿠앵트로(화이트 큐라소), 키르슈 리큐어, 프레시 레몬주스를 넣고 셰이크 한다. 얼음을 넣은 콜린스 글라스에 따른다. 토닉 워터를 넣은 뒤, 블루 큐라소를 조심스럽게 가라앉혀 그라데이션을 만든다. 머들러를 넣어 제공한다.

*1981년 국제 바텐더협회 주관의 세계 칵테일 페스티벌 일본 대표 작품. 은상을 수상했다.

Tokio 토키오

「토키오」는 '식전주'가 테마인 독일 세계대회를 대비하여 구성한 칵테일이다. 당시 일본에서는 '식전주=드라이'가 상식이었다. 하지만 세계대회의 과거 데이터를 보면 중간 단맛의 식전주가 우승하는 경우가 많았고, 리큐어를 사용한 예가 압도적이었다. 칵테일 전반의 경향을 비교해도 스위트와 드라이 라인이 일본과 구미(유럽과 미국) 간에 꽤나 격차가 있어서 구미에서는 몇 단계 위의 단맛을 선호하는 편이었다.

나는 '이건 리큐어를 사용해서 중간 단맛으로 완성시킬 수밖에 없다.'라고 생각했다. 베르무트는 식전주로 알려져 있으므로 그중에서도 색다른 로제 베르무트를 사용하기로 했다. 여기에 개최국에 대한 경의의 표현으로 팜펠무제의 리큐어를 더했다. 이 재료들이 드러날 수 있도록 보드카를 베이스로 약간 단맛의 부드러운 느낌이 있는 식전주를 만들었다.

네이밍은 일본 대표에 어울리는 '토키오(도쿄)'로 정했다. 당시의 내 머릿속은 세계대회만으로 가득했다. 실질적으로 세계대회의 예선이 되는 전국 대회에는 틀림없이 우승할 자신이 있었다. 하지만 여기에는 크나큰 함정이 있었다. 사전 연습에서는 상온의 보드카를 써왔었는데, 대회 당일에는 깜빡하고 냉장고에 있던 보드카를 사용해 버렸다. 냉장고에 있어서 온도가 내려간 만큼 얼음이 녹지 않아 분량이 적어져 버린 것이다.

당연히 우승도 놓쳤다. 거기까지 머리가 돌아가지 않고 눈치채지 못한 것은 교만했기 때문이다. 작품에는 정말이지 미안한 마음뿐이다. 지금도 내가 좋아하는 칵테일 중 하나이며, 소다를 더해 롱드링크 스타일로도 제공하고 있다.

보드카(스미노프) 3/6 · 로제 베르무트(마티니) 2/6 · 팜펠무제(슈펙트) 1/6 · 프레시 라임 주스 1티스푼 · 마라스키노 체리 1개

사용 글라스 | 칵테일글라스

셰이커에 보드카, 로제 베르무트, 팜펠무제(그레이프프루트 리큐어), 프레시 라임주스를 넣어서 셰이크 한다. 칵테일글라스에 따른다. 칵테일핀에 마라스키노 체리를 꽂아 글라스에 넣는다.

*1983년 전 일본 바텐더협회 주관 칵테일 컴페티션 전국 대회 기술부 준우승.

City Coral 시티 코랄

이 작품의 특징은 글라스를 장식한 코랄 스타일이다. 해외에서는 과즙 대신에 색이 선명한 리큐어로 글라스의 테두리에 색을 입힌 스노우 스타일이 이미 존재했다. 여기에 깊이를 더한 것이 코랄 스타일이며, 이 스타일을 세상에 알린 칵테일이 바로「시티 코랄」이다.

코랄 스타일은 사용하는 리큐어에 따라서 여러가지 색을 선택할 수 있는데, 블루 큐라소(파랑), 그레나딘(빨강)은 소금을 묻혀도 선명도가 희미해지지 않아서 이 두 종류로 범위를 좁혔다. 몇 가지 칵테일로 시험해 본 결과, 글라스 안의 술이 아름답게 비치는 파랑을 선택했다. 그리고 호불호가 갈리지 않을 대중적인 맛을 생각해서 당시 미국으로부터 역수입된 지 얼마 안 된 산토리의 '미도리'라는 멜론 리큐어를 사용하기로 했다.

그 뒤로는 순조롭게 진, 프레시 그레이프프루트주스의 조합이 정해졌다. 그레이프프루트를 사용한 것은「솔티 독」의 예에서 보여지듯 소금과 잘 어울리는 것을 고려해서이다. 마지막으로 토닉을 넣어 맛에 볼륨감을 주어 완성시켰다. 그런데 맛은 좋았지만 황녹색이 조금 흐릿해 보여서 녹색이 조금 더 진하고 뚜렷해지도록 볼스의 블루 큐라소 1티스푼을 넣었다.

이렇게 코랄 스타일＋선명한 녹색＋일본인이 좋아하는 맛 그리고 작품에 녹아든 내 기분이 더해져 시티 코랄은 전국 대회 사상 최고 득점을 획득하며 우승을 차지했다. 세계대회에서는 소금이 직접 입에 닿는 스노우 스타일이 평가받지 못한 탓인지 입상은 하지 못했다. 그럼에도 회장 내의 바텐더들로부터 코랄 스타일에 대한 질문 공세를 무수히 받았다.

드라이 진(비피터) 20ml·멜론 리큐어(미도리) 20ml·프레시 그레이프프루트주스 20ml·블루 큐라소(볼스) 1티스푼·토닉 워터 적량

사용 글라스 코랄 글라스(상온)

코랄 글라스에 블루 큐라소와 소금으로 코랄 스타일을 만든다. 셰이커에 드라이 진, 멜론 리큐어, 프레시 그레이프프루트주스, 블루 큐라소를 넣고 셰이크 한다. 글라스에 따르고 얼음을 한 덩어리 넣은 뒤 토닉 워터로 마무리한다.

*1984년, 국제 바텐더 협회의 인터내셔널 칵테일 컴페티션 예선을 노려 만들었으며, 전 일본 바텐더 협회 주관 칵테일 컴페티션 전국 대회에서 우승을 차지해 세계대회 대표가 되었다.

King's Valley 킹스 밸리

뭐니 뭐니 해도 색이 가장 중요한 세일즈포인트이다. 녹색의 재료를 사용하지 않고도 선명한 녹색을 처음으로 표현한 칵테일이 바로 「킹스 밸리」이며, 이것이 '색의 마술사'라고 불리게 된 연유이다. (162페이지 색의 조합 참조)

1984년, 「미스티」의 제작 당시 블루 큐라소의 블루를 잉크블루(진한 파랑)로 깊이를 주기 위해 여러가지 리큐어로 시험해 보던 때에 우연히 이 '녹색'을 발견하게 되었다. 스카치 위스키 대회가 없었다면 기억의 한편에 묻혀버렸을지 모르는 위스키와 블루 큐라소의 조합은 킹스 밸리에서 빛을 보게 되었다.

색이 승부수이기에 롱 드링크처럼 음료를 넣어 희석하지 않고 숏 스타일로 야무지게 완성하고 싶었다. 가지고 있는 자료를 살펴보니 위스키 베이스에서 쿠앵트로와 레몬주스를 조합한 사이드카 타입의 칵테일은 발견되지 않아서 재빨리 이것을 적용하기로 정했다. 나의 숏 스타일의 기본패턴(사이드카 타입의 경우)인 4 대 1 대 1에 맞추고, 시대에 맞게 레몬주스는 프레시 라임주스로 바꾸었다. 이것이 색으로 받는 달콤한 이미지에 반하여 산뜻하게 마무리하는 열쇠가 되었다.

스카치 위스키(당시는 그란츠) 4/6·쿠앵트로 1/6·프레시 라임주스 1/6·블루 큐라소(볼스) 1티스푼

사용 글라스 칵테일글라스

셰이커에 스카치 위스키, 쿠앵트로(화이트 큐라소), 프레시 라임주스, 블루 큐라소를 넣고 셰이크 한다. 칵테일글라스에 따른다.

*1986년 스카치 위스키 광고센터 주관, 3개의 단체가 후원한 제1회 스카치 위스키 칵테일 콘테스트에서 우승. 이 콩쿠르는 스카치 위스키를 사용하는 것이 유일한 규정 항목으로 그 외에 따로 지정 조건은 없었다.

칵테일의 이름은 스카치를 찬미하기 위해 '킹'을 앞에 두고 스카치가 만들어지는 계곡으로부터 '밸리'를 따와서 지었다. 녹색의 '계곡의 왕자'가 탄생한 것이다. 이 이름에 상응하는 색을 표현하기 위해 너무 블루를 강조하지 않고 파스텔톤도 아닌, 안개가 낀 것 같은 우중충한 스코티언 그린으로 조제했다.

그 당시 사용한 스카치는 그란츠였으나 현재는 화이트&맥케이와 올드파 두 종류를 사용하고 있다. 스카치는 셰이크 하게 되면 특유의 떫은맛이 난다. 이런 점에서 화이트&맥케이는 매우 섬세한 위스키로, 셰이크 하더라도 그 떫은맛이 나지 않는 게 특징이다.

또한 최근 들어 손님의 주문으로 올드파를 사용한 결과, 위스키의 맛이 확실하게 남으면서 떫은맛이 나지 않는 것을 발견했다.

뭐니 뭐니 해도 색이 가장 중요한 세일즈포인트이다.
녹색의 재료를 사용하지 않고도 선명한 녹색을
처음으로 표현한 칵테일이 바로 「킹스 밸리」이며,
이것이 '색의 마술사'라고 불리게 된 연유이다.

Jealousy 젤러시

1996년 11월 하순, 일본 해군회관에서 C.C.S.의 주최로 제1회 아티스트 오브 아티스츠 신작 발표회가 개최되었다. 이 콩쿠르는 250명 정도의 C.C.S. 멤버 및 방문객의 테이스팅에 의해 그랑프리가 결정되는 방식으로 진행되며 사전에 뽑힌 10명의 바텐더가 경쟁하는 대회이다. 제1회의 테마는 '여성을 위한 칵테일'이었다. 여성적 취향이라고 하면 단맛이 정석으로 색도 붉은 계열이나 핑크 계열 등의 파스텔톤이 많다. 네이밍도 여성스러움, 상냥함, 아름다움에 관계된 것들이 우승하는 게 보통이다.

거기서 나는 일부러 더티한 이미지의 「젤러시」라는 이름을 짓고 색은 노랑으로 결정했다. 맛이 튀지 않으면서 다른 재료와 매칭이 쉬운 미라벨이라는 노란색 리큐어를 사용했다. 베이스의 스피릿은 보드카로 단맛은 볼스 사의 오렌지 리큐어인 프루미에, 산미는 여성 취향의 부드럽고 산뜻한 프레시 그레이프프루트주스로 수월하게 정했다.

정작 난항은 이 다음이었다. 최초에는 숏 칵테일의 정석인 4:1:1로 만들어 보았는데 생각보다 너무 산뜻해져 버렸다. 미묘하게 분량을 조절해서 만들어 본 결과 보드카를 줄이고 프루미에와 그레이프프루트주스를 늘려 2:1:1로 정했다.

데코레이션은 노랑에 어울리는 검정을 쓰고 싶었고, 고심 끝에 블랙 올리브를 가장자리에 곁들였다. 콩쿠르 당일에는 이 장식이 빛을 발하도록 샤프하고 가느다란 삼각형의 칵테일글라스를 회장에 가져갔다.

단맛을 줄인 깔끔한 맛, 노란색에 검정을 더한 샤프하고 모던한 이미지, 네이밍의 묘함까지 제대로 주효했다. 여성 판정원으로부터 "여자는 달콤함만이 아니다. 정말로 현대 여성에 어울리는 작품."이라는 극찬의 코멘트를 받았다.

보드카(스미노프) 2/4 · 프루미에(볼스) 1/4 · 프레시 그레이프프루트주스 1/4 · 미라벨 (오르데슬로에) 1티스푼

사용 글라스 칵테일글라스

셰이커에 보드카, 프루미에(오렌지 큐라소), 프레시 그레이프프루트주스, 미라벨(노란색 자두 리큐어)을 넣고 셰이크 한다. 칵테일글라스에 따른다.

*1996년 C.C.S. 제1회 아티스트 오브 아티스츠 신작 발표회에서 그랑프리를 획득한 작품. 콩쿠르의 테마는 '여성을 위한 칵테일'이었다.

Left alone 레프트 얼론

이듬해 제2회 대회의 테마는 '남성을 위한 칵테일'이었다. 콩쿠르를 위한 대책안으로 남성 취향의 드라이한 맛을 조금은 부드럽게 완성시키고 싶었다. 작년과 같이 조금은 더티한 분위기의 네이밍으로 재즈 스탠더드 넘버의 타이틀로부터 「레프트 얼론」이라는 이름을 가져왔다. 개인적으로 이 곡을 좋아한 것도 있지만 '퇴짜맞은 쓸쓸한 남자'가 이번 칵테일의 이미지였다.

베이스는 버번으로 쉽게 정했다. 혼자 남은 쓸쓸한 남자에게는 역시 버번이 어울린다. 어디까지 드라이하게 할 것인지가 가장 중요한 포인트였다.

언제나처럼 시작은 4 대 1 대 1로 했다. 단맛은 프루미에, 산미는 그레이프프루트주스로 시험해 보았다. 버번을 강한 산미로 합쳐버리면 마시기 힘들 것이라 생각했기 때문이다. 하지만 그레이프프루트로는 물맛이 조금 났기 때문에 프레시 라임주스로 바꾸어 단단하게 완성시켰다.

칵테일의 색은 마티니 비터를 1티스푼 사용해 세피아를 노렸다. 개성적으로 완성시키고 싶었던 것이다. 데코레이션도 없이 남자답고 깔끔하게 처리했다.

하지만 안타깝게도 그랑프리를 손에 거머쥐지는 못했다. 라임의 산미가 강하고 버번의 개성이 너무 앞으로 나와버렸기 때문에 취향의 폭이 좁아져 버린 것이 원인은 아닐까 생각한다. 또한 화려한 콩쿠르란 장소에서 레프트 얼론이란 네이밍은 다소 외롭게 느껴졌을지도 모르겠다. 버번 2/4, 프루미에 1/4, 마티니 비터1/4, 라임주스 1티스푼으로 하면 약간 마시기 쉬워진다.

버번 위스키(와일드 터키 8년) 4/6 · 프루미에(볼스) 1/6 · 프레시 라임주스 1/6 · 마티니 비터(마티니) 1티스푼

사용 글라스 칵테일글라스

셰이커에 버번 위스키, 프루미에(오렌지 큐라소), 프레시 라임주스, 마티니 비터를 넣어서 셰이크 한다. 칵테일글라스에 따른다.

*1997년 C.C.S. 제2회 아티스트 오브 아티스츠 신작 발표회에 출품. 콩쿠르의 테마는 '남성을 위한 칵테일'이었다.

일본의 사계

Shungyo 슌교(春曉)

'바 로오제'에서는 82년 가을부터 계절별로 연 4회 칵테일 페어를 개최해왔다. 로오제는 80년쯤까지 보틀 판매가 중심이었으나 산토리 주관의 트로피칼 콩쿠르 이래 칵테일에 주목하기 시작했고, 이를 궤도에 올리기 위해 칵테일 페어를 개최해서 분위기를 고조시켰다.

　가게의 페어 행사라고 하는 것은 콩쿠르와 달리 신작 발표회 같은 성격으로 자신의 생각이 많이 더해지더라도 용서가 된다. 자기 표현의 장소로써 활용되어 실제로 즐겁게 일할 수 있었다. 다만 손님들의 요구에 맞는 칵테일을 내는 것은 당연히 필요하다. 예를 들어 매번 3개의 새로운 작품을 소개하는데 이를 알코올이 강한 것, 중간 정도의 것, 약한 것으로 단계를 나누어 손님들이 고르기 쉽도록 칵테일을 준비해 둔다.

　그중에서도 「슌교」는 비교적 알코올 도수가 높은 재료를 사용한 강한 숏 칵테일로 제작했다. 이 작품은 사계를 테마로 한 일본풍 칵테일의 대표 작품으로, 이로 인해 나의 스타일이 명확하게 확립되었다고 할 수 있다.

　일본풍 칵테일을 제작할 때는 봄은 부드러운 바람, 여름에는 원색, 가을에는 수수한 색, 겨울에는 따듯한 느낌의 색을 이미지화 하는 경우가 많다. 그리고 니혼슈, 쇼추, 매실주, 그린티 리큐어 등 일본 재료를 사용한다. 본 작품은 니혼슈를 사용하기로 미리 정해 두었다.

니혼슈(혼조죠) 1/3·보드카(스미노프) 2/3·그린티 리큐어(헤르메스) 1티스푼·소금에 절인 벚꽃

사용 글라스　칵테일글라스

믹싱 글라스에 니혼슈, 보드카, 그린티 리큐어를 넣어 스터 한다. 칵테일글라스에 따르고 벚꽃으로 장식한다.

*1983년 바 로오제의 봄 칵테일 페어를 위한 작품이다.

미지근한 물로 풀어놓은 벚꽃. 사용하기 전 찬물에 담가서 차게 해 둔다.

우선 고민했던 것은 네이밍이다. '아직 깨지 않은 봄의 새벽'이라는 캐치카피의 이미지를 표현하기 위해 벚꽃을 꼭 사용하고 싶었고, 소금에 절인 벚꽃을 미지근한 물에 담가 소금기를 뺐다. 이 벚꽃을 아름답게 보이게 할 수 있는 색은 녹색밖에 없다. 하지만 민트나 미도리(멜론 리큐어)는 너무 밝았다. 또한, 아직 깨지 않은 봄의 새벽의 색은 틀림없이 그린티 리큐어의 색이다.

베이스로는 보드카를 사용하여 니혼슈를 한층 더 도드라지게 하는 버팀목으로 사용했다. 분량은 보드카가 더 많지만 어디까지나 니혼슈 베이스의 칵테일로서 내 안에 위치해 있다.

우선 고민했던 것은 네이밍이다.
'아직 깨지 않은 봄의 새벽'이라는 캐치카피의
이미지를 표현하기 위해 벚꽃을 꼭 사용하고 싶었고,
소금에 절인 벚꽃을 미지근한 물에 담가 소금기를 뺐다.

Sumidagawa Boshoku
스미다가와 보쇼쿠(隅田川暮色)

1995년, 토호(일본 영화 배급사)의 〈스미다가와 보쇼쿠〉라는 연극에서 무대의상을 담당한 나카노 타다오 씨가 긴자의 코마츠 스토어에서 개인전을 열었다. 이후 기념 파티가 시세이도 팔러에서 열렸고 100명 정도의 초대객이 왔다. 이때 나카노 씨를 위해 제작한 칵테일이 「스미다가와 보쇼쿠」이다.

기념 파티의 초대장을 보면 스미다가와 강의 블루에 꽃잎이 흩뿌려져 있는 구도의 의상이 나오는데, 이 의상은 무대에서 주연인 토아케 유키요 씨가 입었던 의상이다. 이 의상을 보자마자 바로 칵테일 이미지가 떠올랐다. 니혼슈와 보드카를 베이스로 사용한 「슌교」를 어레인지 하여 약간 자주빛이 맴도는 옅은 파랑에 벚꽃을 띄웠다.

미묘한 색깔을 표현하기 위해 블루 큐라소로 파랑을 만들고, 로제 베르무트의 핑크를 섞는 것으로 자주빛 파랑을 표현했다. 벚꽃이 비칠 수 있게 옅은 색으로 완성시키는 것이 포인트이다. 그러기 위해서는 더해지는 블루 큐라소의 정확한 계량이 필요하다. 아주 조금만 양이 흔들려도 이 미묘한 색을 표현할 수 없게 되어 버리므로 굉장히 주의를 요한다.

로제 베르무트가 들어가므로 슌교보다 조금 부드러운 감미가 있다. 슴슴하지만 확실하게 배어나오는 것 같은 느낌의 맛이다. 이리하여 스미다가와 보쇼쿠는 동명의 연극 중 한 장면을 재현한 것 같은 작품이 되었다.

니혼슈 1/3·보드카(스미노프) 1/3·로제 베르무트(마티니) 1/3·블루 큐라소(볼스) 1티스푼·소금에 절인 벚꽃

사용 글라스 칵테일글라스

믹싱 글라스에 니혼슈, 보드카, 로제 베르무트, 블루 큐라소를 넣고 스터 한다. 칵테일글라스에 따르고 벚꽃을 장식한다.

*1995년 7월, 에도 유젠의 염색가 나카노 타다오 씨의 개인전 파티를 위해 제작했다.

Hideriboshi
히데리보시(旱星)

일본의 재료를 사용하여 만든 일본풍 칵테일의 하나이다. 수박을 사용하므로 6월 중순에서 8월까지만 판매하는 계절 상품으로써 이 시기가 되면 이 칵테일을 마시기 위해 오는 손님이 많다.

일본풍 칵테일을 제작하기 위해 먼저 포인트가 될 재료를 생각했다. 여름의 일본 과일이라고 하면 무엇보다 수박이 먼저 떠오른다. 일본에서는 수박을 주스로 마시는 습관은 별로 없지만, 천으로 짜보니 색이 예상외로 진해서 인상적이었다. 한입 맛보고는 수박주스에는 매실주가 어울린다는 생각이 번뜩 들어 이 두 가지 재료를 사용하기로 정했다.

매실주는 브랜디 베이스의 쵸야 블랙(제품명). 쵸야의 다른 상품보다 단맛이 있고, 원료에 브랜디를 사용하므로 맛이 두터운 것이 특징이다. 베이스의 술은 갑종소추. 쇼추의 일반 명칭은 화이트 리커다. 바에서는 익숙한 재료인 보드카를 사용해도 좋다. 쇼추를 사용해서 알코올 도수를 올리고 매실주로 맛을 풍부하게 하며 수박주스로 볼륨을 더한다. 그리고 전체를 꽉 잡아주는 것은 레몬주스의 산미다. 여기서는 라임보다 산미가 강한 레몬을 더하는 것으로 단맛을 효과적으로 살리고 있다.

최근 수박 리큐어가 유통되고 있다. 이것을 아주 조금 더해서 향미를 강조하는 것도 좋지만 인공적인 풍미여서 아무쪼록 너무 많이 쓰지 않게 주의해야 한다.

수박의 빨간색으로부터 착안해 여름밤 하늘에 붉게 빛나는 전갈자리를 구성하는 별 중 하나인 「히데리보시」로 이름 지었다. 히데리보시는 '술취한 별'이라는 별명도 있다.

쇼추(갑종) 1/3·매실주(쵸야 블랙) 1/3·프레시 수박주스 1/3·프레시 레몬주스 1티스푼

사용 글라스 칵테일글라스

수박을 작게 자르고 천으로 짜서 주스를 만들어 둔다. 셰이커에 쇼추, 매실주, 프레시 수박주스, 프레시 레몬주스를 넣어 셰이크 한다. 칵테일글라스에 따른다.

*1989년 여름, 『칵테일 노트』(시바타 서점)의 출간에 즈음하여 제작한 작품이다.

Sekisyu 세키슈(惜秋)

바 로오제의 내부공사를 마친 후 판매 촉진 효과를 위해 칵테일 페어를 부활시켰다. 그리고 개장 다음년도의 가을 페어를 위해 제작한 작품이 바로 「세키슈」이다. 일본의 사계를 테마로 한 오리지널 칵테일 중 하나이다.

초가을의 상쾌함이 아닌, 겨울에 다가가는 늦가을의 깊이를 표현하는 것을 이번 작품의 테마로 해서 불타오르듯 산을 물들인 가을의 흔적을 붉게 흐드러진 단풍잎을 장식하는 것으로 이미지화 했다. 짙은 빨강을 돋보이게 하는 색은 모스 그린. 「킹스 밸리」에서 사용한 위스키와 블루 큐라소의 색조합 예를 활용해서 미묘한 색을 만들었다.

짙은 녹색을 만들기에는 위스키 색이 엷어서 맛과 색에 깊이가 있는 호박색의 코냑을 베이스로 황색 자두 리큐어인 미라벨로 노랑을 더해 가을다운 색을 조절했다. 산미는 프레시 라임주스를 사용했다. 라임의 특징은 레몬보다 부드러운 산미와 깔끔함, 상쾌함이다. 거기에 반해 레몬의 특징은 강한 산미이다. 산미를 구분해서 사용할 때 이 양쪽의 특징을 머릿속에 넣어두면 효과적으로 산미를 활용할 수 있다.

글라스에 장식하는 붉은 단풍은 늦가을에 모아서 잘 씻고 수분을 날린 후 종이 사이에 넣어 눌러둔 채로 말려 1년이 지난 것을 가게에서 사용하고 있다.

작품 완성 후 「세키슈」라고 이름 붙였다. 가을을 안타까워한다. 틀림없이 이 칵테일의 이름에 어울린다. 내가 일본의 사계를 테마로 일본풍 칵테일을 만들 때는 하이쿠(일본의 시조)에 사용되는 계절을 나타내는 단어를 사용하는 경우가 많다. 이것도 계절을 나타내는 단어집에서 가져온 이름이다.

코냑(헤네시 V.S.) 2/4·미라벨(오데슬로에) 1/4·프레시 라임주스 1/4·블루 큐라소(볼스) 1티스푼·단풍잎

사용 글라스 칵테일글라스

셰이커에 코냑, 미라벨(노란색 자두 리큐어), 프레시 라임주스, 블루 큐라소를 넣고 셰이크 한다. 칵테일글라스에 따른다.

*1991년 로오제 내부공사 후, 가을 칵테일 페어를 위해 제작했다.

Yukitsubaki
유키츠바키(雪椿)

1994년 바 로오제의 겨울 칵테일 페어를 위해 만든 작품으로서 붉은 동백꽃에 눈이 솜처럼 내려앉은 모습을 표현한 칵테일이다. 토아케 유키요 주연의 무대 〈겨울의 동백〉을 보고 「유키츠바키」라는 이름을 떠올려 네이밍부터 해놓고 제작에 들어갔다. 일본 겨울의 정경을 동백꽃과 눈으로 나타내고 따듯함이 있는, 그러면서도 겨울다운 색의 조합을 표현했다.

유키츠바키는 1974년 제작된 「하나츠바키」가 베이스이다. 하나츠바키는 브랜디를 베이스로 해서 프람보아즈 리큐어와 카시스 리큐어, 프레시 라임주스를 더해 셰이크 해서 만드는데, 당시 막 나오기 시작한 프람보아즈와 카시스를 섞는 것으로 칵테일에 신선함과 볼륨있는 맛을 전하는데 성공했다. 유키츠바키는 하나츠바키의 브랜디를 보드카로 바꾸는 것으로 탁해지지 않고 짙은 빨강을 만들어 겨울 동백꽃의 색을 표현하면서 동시에 눈의 백색을 강조했다.

생크림을 띄울 때 산미를 강하게 하면 응고되어 버려서 산미를 빼고 만들었다. 그리고 생크림은 흐를 정도로 적당히 휘핑해서 공기를 넣어 가볍게 하면 칵테일의 수면에 예쁘게 떠 있다. 또한 생크림은 유지방 함유율이 높은 쪽이 풍부한 맛이 나므로 유지방이 많은 제품을 추천한다.

보드카(스미노프) 3/6 · 크렘 드 프람보아즈(가브리엘) 1/6 · 크렘 드 카시스(르제) 1/6 · 생크림 1/6

사용 글라스 칵테일글라스

셰이커에 보드카, 크렘 드 프람보아즈, 크렘 드 카시스를 넣어서 셰이크 한다. 칵테일글라스에 따르고 가볍게 휘핑한 생크림을 바 스푼의 등쪽을 타고 흐르게 플로트 한다.

*1994년 겨울, 바 로오제 겨울 칵테일 페어를 위해 제작했다.

코랄 스타일

Cosmic Coral
코스믹 코랄

　코랄 스타일의 네 작품 중 하나. 칵테일의 초성을 따서 'C&C'라고 이름 지은 시리즈이다. 이미 「시티 코랄」은 완성되어 있었고 두 번째 작품인 「코스믹 코랄」을 제작하게 되면서 시리즈화를 의식해서 ①각종 화이트 스피릿을 사용 ② 프레시 그레이프프루트의 사용 ③토닉 워터로 풀업 ④코랄 스타일을 채용해서 칵테일과 코랄 스타일의 색을 변화 ⑤첫 글자에 'C'가 오는 단어를 사용하여 이름을 짓는다는 공통항목을 설정했다.

　가을의 페어를 위해 만든 것이기에 이 계절에 어울리는 'C' 가 붙는 단어를 선택하는 것부터 시작했다. 가을이라고 하면 아무래도 밤하늘. 별이 반짝이는 밤하늘로부터 우주(Cosmic)를 이 작품의 테마로 정했다. 가을 밤하늘의 이미지는 어둠을 풀어놓은 듯한 진한 블루이다. 1984년에 「미스티」를 제작할 때 발견한 잉크블루를 표현하기 위해 볼스의 블루 큐라소에 그레나딘 시럽을 소량 첨가하는 것으로 깊어지는 파랑을 표현했다.

　이 잉크블루에 어울리는 색은 빨강. 그레나딘 시럽으로 밤하늘에 반짝이는 안타레스(전갈자리의 수성)와 같이 붉은 산호초를 떠올렸다. 이 빨강은 잉크블루가 예쁘게 나오지 않으면 돋보이지 않으므로 잉크블루의 또렷함이 결정타가 된다. 또한, 코랄 스타일을 만들 때 그레나딘 시럽은 농도가 진해서 다소 희석시키면 소금이 예쁘게 붙는다.

　본래라면 그레이프프루트주스를 사용하겠지만 노란색에 영향을 받아 색이 탁해져버리기 때문에 어쩔 수 없이 라임주스로 바꾼 C&C 시리즈의 유일한 작품이기도 하다.

보드카(스미노프) 30ml · 블루 큐라소(볼스) 20ml · 프레시 라임주스 10ml · 그레나딘 시럽(메이지야) 1티스푼 + 코랄 스타일용 · 토닉 워터 적량

사용 글라스 코랄 글라스(상온)

코랄 글라스에 그레나딘 시럽과 소금으로 코랄 스타일을 만든다. 셰이커에 보드카 블루 큐라소, 프레시 라임주스, 그레나딘 시럽을 넣고 셰이크 한다. 글라스에 따르고 셰이커 안의 얼음을 2~3개 띄운다. 코랄 스타일의 빨간 부분의 위치에 칵테일의 수면 높이를 맞추어 토닉 워터를 따른다.

*1985년, 바 로오제 가을 칵테일 페어를 위해 제작했다.

Castary Coral
캐스터리 코랄

칵테일에는 꿈이 있는 네이밍이 필요하므로 영화나 연극, 이야기나 신화 등을 참고하는 경우가 많다. 봄을 상징하는 이 작품 「캐스터리 코랄」도 그리스 신화에 나오는 샘물에서 이름을 따왔다. 계절, 이미지에 맞는 C 가 붙는 단어를 찾는데 꽤나 고생했다. 그렇게 C&C 시리즈의 세 번째 작품에 돌입하여, 전작까지 사용하지 않았던 화이트 럼을 베이스로 하고 코랄은 녹색으로 하기로 정했다.

녹색의 리큐어는 멜론과 크렘 드 민트, 바나나 리큐어 등이 있지만 민트와 바나나는 향과 맛에 개성이 너무 강하여 여기서는 멜론 리큐어의 녹색을 채용했다. 코랄 스타일은 알다시피 소금을 사용하므로 색을 내는 미도리가 연해져서 파스텔톤이 되어 버린다. 따라서 녹색을 진하게 하기 위해 보강재료인 블루 큐라소를 소량 미도리에 더해 선명한 녹색을 표현하기 위한 궁리를 했다.

코랄의 녹색에 어울리는 칵테일 색은 핑크이다. 봄의 페어이기에 딸기 리큐어를 사용하고 싶었다. 포근하고 부드러운 색 조합의 칵테일을 코랄의 녹색으로 장식한다. 꽃이 피어나는 핑크색에 어린 잎의 녹색이 빛나 봄과 어울리는 작품으로 완성되었다.

베이스의 화이트 럼은 당시에는 바카디를 사용했으나 현재는 레몬 하트로 조제하고 있다.

화이트 럼(레몬 하트) 20ml·크렘 드 프레이즈(파제) 20ml·프레시 그레이프 프루트주스 20ml·그레나딘 시럽 1티스푼·토닉 워터 적량·멜론 리큐어(미도리)+코랄 스타일용

사용 글라스 코랄 글라스

코랄 글라스에 멜론 리큐어와 소금으로 코랄 스타일을 만든다. 셰이커에 화이트 럼, 크렘 드 프레이즈(스트로베리 리큐어), 프레시 그레이프프루트주스, 그레나딘 시럽을 넣어서 셰이크 한다. 글라스에 따르고 셰이커 안의 얼음을 2~3개 띄운다. 코랄 스타일의 녹색 부분의 위치에 칵테일의 수면 높이를 맞추어 토닉 워터를 따른다.

*1986년, 바 로오제 봄 칵테일 페어를 위해 제작했다.

Crystal Coral
크리스털 코랄

C&C 시리즈는 당초 3부작이었으나, 여름의 「시티 코랄」, 가을의 「코스믹 코랄」, 봄의 「캐스터리 코랄」이 모였으니 당연히 겨울의 코랄도 등장해야 맞을 것이다. 그렇게 탄생한 본 작품은 『긴자 백점』이라는 도쿄 긴자의 미니 코미지에 게재하기 위해 만든 칵테일이다.

'겨울-눈-결정-크리스털'이라는 이미지로 「크리스털 코랄」이라고 명명했다. 눈은 당연히 하얀색이지만 눈 안의 색, 특히 낮의 눈보라 색은 희미한 파랑이 섞여있다.

베이스는 네 번째의 화이트 스피릿인 테킬라로 정했다. 소량의 블루 큐라소만으로 색을 내고 그 외에는 색이 없는 쿠앵트로를 사용했다. 쿠앵트로를 사용하여 색을 넣지 않고도 하얗고 차가운 눈을 표현했다. 이 색 조합에서 중요한 것은 블루 큐라소의 미묘한 분량이다. 어디까지나 차가운 이미지를 중요하게 여겨 크리스털의 색을 표현해야 하므로 너무 많이 넣지 않도록 주의해야 한다.

통상 사용하는 글라스는 냉장고에서 차갑게 해두지만, 코랄 글라스는 상온의 것을 사용한다. 차게 해두면 김이 서려서 소금이 잘 달라붙지 않아 코랄이 예쁘지 않게 되어 버리기 때문이다.

테킬라(사우자) 20ml · 프레시 그레이프프루트주스 20ml · 쿠앵트로 20ml + 코랄 스타일용 · 블루 큐라소 1/2티스푼 · 토닉 워터 적량

사용 글라스 코랄 글라스(상온)

코랄 글라스에 쿠앵트로(화이트 큐라소)와 소금으로 코랄 스타일을 만든다. 셰이커에 테킬라, 쿠앵트로, 프레시 그레이프프루트주스, 블루 큐라소를 넣어서 셰이크 한다. 글라스에 따르고 셰이커 안의 얼음을 2~3개 띄운다. 코랄 스타일의 위치에 칵테일의 수면 높이를 맞추어 토닉 워터를 따른다.

*1991년, 『긴자 백점』 게재를 위해 제작했다.

Coral 21 코랄 21

C&C 시리즈에는 포함되지 않지만 코랄 스타일을 채용한 또 하나의 칵테일이 있다. 작품 이름은 「코랄 21」이다.

이전부터 리큐어 베이스의 코랄 스타일에 도전하고 싶다고 생각해 오던 차에 1998년 C.C.S의 기관 잡지 5월호에서 쿠앵트로 베이스의 오리지널 칵테일을 발표할 기회를 얻었다. C&C 시리즈에서 즐겨 사용한 화이트 스피릿을 쿠앵트로로 바꾸고 다가올 21세기를 이미지하여 우주적인 색을 만들었다.

이전 작품의 경우 코랄 만들기에서 중시했던 것은 칵테일에 비치는 색이 었으나 이 작품에서 코랄에 사용한 것은 파소아라고 하는 옅은 핑크빛의 향이 강한 패션프루트 리큐어이다. 이 칵테일에서 코랄의 효과는 모양의 아름다움만이 아닌 칵테일에 향을 곁들이는 것이다. 이것이 이전의 시리즈 작품과 선을 긋는 포인트이다.

일련의 작품에는 플룻형의 샴페인 글라스를 사용해도 좋지만 나는 샴페인 글라스를 어레인지 한 코랄 스타일용 글라스를 특별 주문해서 사용하고 있다. 플룻형보다 밑부분이 볼록한 둥근 형태의 폼이 특징이다. 현재 이 코랄 글라스는 코랄 스타일을 택한 모든 칵테일에 사용하고 있다. 또한 이 글라스는 긴자 텐더에서 판매하고 있다.

쿠앵트로 30ml · 프레시 그레이프프루트주스 20ml · 블루 큐라소(볼스) 10ml · 토닉 워터 적량 · 파소아 + 코랄 스타일용

사용 글라스 코랄 글라스(상온)

코랄 글라스에 파소아(패션프루트 리큐어)와 소금으로 코랄 스타일을 만든다. 셰이커에 쿠앵트로(화이트 큐라소), 프레시 그레이프프루트주스, 블루 큐라소를 넣어 셰이크 한다. 글라스에 따르고 셰이커 안의 얼음을 2~3개 띄운다. 코랄 스타일의 위치에 칵테일의 수면 높이를 맞추어 토닉 워터를 따른다.

*1998년 5월, C.C.S의 기관 잡지에 발표한 작품.

그 외

M-30 Rain M-30 레인

저명인사에게 오리지널 칵테일을 선물한다는 기획에 참여해 작곡가 겸 배우인 시대의 인물 사카모토 류이치 씨에게 선사한 칵테일 「M-30 레인」. 당시 그가 출연하고 음악 감독을 맡은 영화 〈마지막 황제〉는 그해 아카데미상을 받을 정도의 화제작이었다. 이 영화의 삽입곡 44곡 중에 그가 제일 좋아하는 30번째 곡 '레인'을 테마로 만든 것이 이 칵테일이다. 참고로 M은 뮤직넘버이다.

우선 사카모토 씨의 취향을 묻는 것부터 시작했다. 프레젠트 칵테일은 그 사람의 취향에 맞게 완성시키는 것이 제일 중요한 포인트다. 그는 산뜻하고 클리어한 맛을 좋아한다고 하여 염두에 두었다. 이 칵테일의 기본이 된 것은 M-45이다. 사카모토 씨도 좋아하는 칵테일이어서 이를 기본으로 제작하기로 했다.

비율은 4 대 1 대 1로 정하고 끊임없이 내리는 비의 색을 칵테일로 표현하기로 했다. 예쁜 물빛이 아니라 눈물비(슬픈 일이 있을 때 내리는 비)와 같이 그레이에 가까운 '리큐네즈미이로'라고 불리는 색을 만들기 위해 팜펠무제 리큐어와 아주 소량의 블루 큐라소를 사용했다. 팜펠무제는 쓰고 깔끔한 맛으로 소량 사용해도 숨어있는 맛을 끌어내는 리큐어이다. 이 쓴맛이 레인의 슬픔을 간직한 곡상에 굉장히 잘 어울린다고 생각한다.

주의할 점은 블루 큐라소의 분량이다. 안타깝게도 너무 많이 넣게 되면 빗물색이 아닌 물빛색이 되어 버린다. 적다면 나중에 보충하겠다는 느낌으로 넣는 편이 실패가 없다.

보드카(스미노프) 4/6 · 팜펠무제(슈펙트) 1/6 · 프레시 라임주스 1/6 · 블루 큐라소(볼스) 1/2티스푼

사용 글라스 칵테일글라스

셰이커에 보드카, 팜펠무제(그레이프프루트 리큐어), 프레시 라임주스, 블루 큐라소를 넣어 셰이크 한다. 칵테일글라스에 따른다.

*1988년 가을, 작곡가 사카모토 류이치 씨에게 선물하기 위해 제작한 칵테일.

Blue Trip 블루 트립

일러스트레이터인 카와구치 세이코 씨가 매우 좋아하는 '테킬라를 사용한 칵테일'이라는 주문에 응해서 즉흥으로 만든 것이 이 「블루 트립」이다.

그날 밤, 카와구치 씨는 여름에 어울리는 밝은 코발트 블루의 옷을 입고 있었다. 굉장히 인상적이고 개인적으로도 좋아하는 색이기도 하여 옷에 맞춰 색을 표현하기로 했다. 이처럼 여성 손님의 경우 옷이나 반지, 귀걸이 등의 액세서리 색에 맞춰 칵테일을 제공하는 경우가 많다.

하지만 색이나 이름에 너무 신경 쓴 나머지 맛에 소홀해 버리면 본말이 전도된다. 어디까지나 맛이 최우선이고, 색이나 이름은 손님에게 감동을 전하기 위한 부가적인 가치임을 잊어서는 안 된다.

각설하고, 녹색은 이미 블루 큐라소와 프레시 라임주스로 인해 어느 정도는 들어가 있다. 하지만 이 정도로 옷의 색은 재현 불가능했다. 그래서 보강재료로 미도리를 넣음으로 깜짝 놀랄만큼 선명한 코발트 블루를 만들어 냈다.

굉장히 미묘한 색이어서 들어가는 미도리 분량이 흔들리면 꽤 인상이 다른 칵테일이 되어 버린다. 레시피에서는 1티스푼이라고 하지만, 1/2티스푼에 가까운 1티스푼이므로 너무 많이 넣지 않도록 주의하자.

아름다운 색을 즐기기 위해서는 슬림한 글라스보다 둥그스름해서 액체에 무게감이 느껴지는 글라스가 더 좋다고 생각한다.

테킬라(사우자) 4/6・블루 큐라소(볼스) 1/6・프레시 라임주스 1/6・멜론 리큐어(미도리) 1티스푼

사용 글라스 칵데일글리스

셰이커에 테킬라, 블루 큐라소, 프레시 라임주스, 멜론 리큐어를 넣어서 셰이크 한다. 칵테일글라스에 따른다.

*1987년 여름, 일러스트레이터 카와구치 세이코 씨를 위해 즉흥으로 제작한 칵테일.

Hong Kong Connection 홍콩 커넥션

「홍콩 커넥션」은 '브랜디를 사용한 칵테일'을 만들어 달라는 주문을 받고 손님에게 선물로 드린 비취색 칵테일이다.

먼저 지정한 브랜디에 블루 큐라소를 조합해서 녹색을 만들기로 했다. 주문한 사람이 보는 앞에서 만드는 즉흥의 칵테일이므로 색의 의외성은 실로 효과적인 연출이다. 이것뿐이라면 칵테일의 색이 칙칙해서 선명하지 못하다. 그래서 그분이 좋아하는 약초계 리큐어 샤르트뢰즈를 더해 밝아보이게 했다. 오랜 역사의 리큐어를 사용해서 새로운 칵테일을 만들겠다는 도전이기도 했다.

손님이 이 깊은 녹색을 보고 비취에 비하며 홍콩을 연상한다는 의미로 「홍콩 커넥션」이라고 이름 지어주셨다. 브랜디와 샤르트뢰즈라는 단맛이 강한 재료를 사용하지만 프레시 라임주스가 단맛을 적절히 잡아주는 데 성공했다.

마시는 사람의 취향에 맞게 완성시키는 것이 선물로 드리는 칵테일의 절대 조건이다 보니 그 사람만을 위해 만드는 프라이빗 칵테일은 같은 것을 다른 사람이 마셨을때 반드시 맛있다고 느낄 보장이 없다는 측면도 가지고 있다. 따라서 다른 사람에게 낼 때는 어레인지가 필요하다.

프라이빗 칵테일을 내어드린 손님에게는 후일 방문하셨을 때 칵테일의 분위기에 맞는 포스트 카드에 레시피를 적어서 선물하고 있다. 나에게 있어서도 창작의 이미지가 부푸는 매우 즐거운 작업으로, 손님들도 굉장히 기뻐해 주신다.

코냑(헤네시 V.S.) 4/6·샤르트뢰즈 옐로우 1/6·프레시 라임주스 1/6·블루 큐라소(볼스) 1티스푼

사용 글라스 칵테일글라스

셰이커에 코냑, 샤르트뢰즈 옐로우, 프레시 라임주스, 블루 큐라소를 넣고 셰이크 한다. 칵테일글라스에 따른다.

*1994년 봄, 칵테일을 좋아하는 남성 손님에게 선물한 칵테일.

Fisherman & Son
피셔맨 앤드 손

카운터의 라이트가 칵테일을 비추기 시작하면 바닷속에서 해수면을 올려다 볼 때 보이는 내리쬐는 태양빛으로 녹색이 살짝 섞인 바다의 컬러가 글라스 안에서 되살아난다.

생전에 어선의 선주로서 바다에서 일했던 아버지를 떠올릴 수 있는 칵테일을 만들어 달라는 남성 손님의 주문을 받아 선사한 것이 이 「피셔맨 앤드 손」이다. 확실하게 이 칵테일을 표현할 수 있는 네이밍이 되겠다.

칵테일 이름이 정해지자 본격적으로 바다를 테마로 한 작품을 만들기로 했다. 바다라고 하면 당연히 럼. 4 대 1 대 1로 숏 칵테일의 기본형에 맞추어 럼 베이스의 깔끔한 다이키리에 가까운 맛으로 완성시켰다.

반짝이는 바다의 색을 표현하기 위해 오렌지 리큐어인 프루미에와 블루 큐라소, 옅은 녹색을 띤 바닷속을 표현하기 위해 프루미에의 연한 호박색과 파랑, 두 가지 색을 조합했다. 또한 레시피에는 블루 큐라소가 1티스푼이라고 되어 있지만, 그보다는 조금 많이 넣는 편이 좋다.

레시피 상의 1티스푼은 미묘한 폭이 있어서 이 분량의 많고 적음에 따라 자신이 그리던 색이 나오지 않는 경우도 자주 있다. 우선 자신이 떠올린 색을 머릿속에 그린 뒤 힘을 빼고 집중하는 것이 중요하다.

화이트 럼(바카디) 4/6 · 프루미에(볼스) 1/6 · 프레시 라임주스 1/6 · 블루 큐라소(볼스) 1티스푼

사용 글라스 칵테일글라스

셰이커에 화이트 럼, 프루미에(오렌지 큐라소), 프레시 라임주스, 블루 큐라소를 넣고 셰이크 한다. 칵테일글라스에 따른다.

*1994년 여름, 아버지와의 추억이 되는 칵테일을 손님에게 선물했다.

Καλος Κυμα 카로스 큐마

연한 황색이 정말로 산뜻한 칵테일 「카로스 큐마」. 이 칵테일을 선사한 에나미 쿄코 씨의 '쿄코(살구)'라는 이름에서 착안해 살구 브랜디의 크렘다브리코를 선택했다.

오렌지 색의 크렘다브리코와 녹색의 미도리를 같은 양으로 사용해서 황색을 만든다. 카로스 큐마는 「킹스 밸리」처럼 만들고 싶은 색의 재료를 쓰지 않고 다른 색의 재료를 섞어서 표현하고자 했던 색을 만들어낸 성공사례로(162페이지 색의 조합 참조) 색의 묘미를 즐기는 칵테일의 한 작품이 되었다.

먼저 에나미 씨가 좋아하는 진의 맛을 살렸다. 색과 단맛을 두 종류의 리큐어로 내고 있으나 리큐어는 슈거 시럽보다 단맛이 적으므로 끈적한 단맛이 아닌 그야말로 색이 입혀진 「김렛」과 같은 맛이 되었다. 또한 진과 프레시 라임주스를 더하자 리큐어의 색이 부드러워져서 여성스러운 색감으로 완성되었다.

칵테일 만들기 만큼이나 신경을 쓴 부분이 네이밍이었다. 에나미의 '나미'는 일본어로 '파도'를 뜻하며, 파도는 그리스어로 '큐마'이다. 여기에 '아름다운'이라는 뜻의 '카로스'라는 단어를 붙여 카로스 큐마라고 이름 지었다. 미모의 에나미 씨와 너무나 잘 어울리는 이름이다.

레시피에는 크렘다브리코와 미도리가 동량으로 되어 있으나 미도리는 조금 적게 넣는 쪽이 좋다.

드라이 진(고든) 3/4·프레시 라임주스 1/4·크렘다브리코(르제) 1티스푼·멜론 리큐어 (미도리) 1티스푼

사용 글라스 칵테일글라스

셰이커에 드라이 진, 프레시 라임주스, 크렘다브리코(아프리콧 브랜디), 멜론 리큐어를 넣고 셰이크 한다. 칵테일글라스에 따른다.

*1992년, NHK의 방송 〈부인 백과〉의 여주인공 에나미 쿄코 씨에게 선사한 칵테일.

Miracle 미라클

무더운 8월의 어느 날이었다. 단골 손님이 언제나처럼 카운터에 걸터 앉아 그 날 일어난 기적같은 일을 이야기해 주었다. 그분에게 기념비적인 날을 축하하며 선물로 드린 칵테일이 이 「미라클」이다.

프레젠트 칵테일은 선사하는 상대방의 취향을 알고 있지 않으면 만들 수 없는데, 과거에도 이 분과의 대화에서 좋은 작품이 몇 개인가 탄생했다. 그날도 매우 좋아하시는 「김렛」을 버전업한 또다른 풍미의 칵테일을 원하셨다.

드라이 진을 베이스로 해서 당시 막 수입되기 시작한 미라벨이라는 노란색 자두 리큐어를 사용했으며, 칵테일에서는 보기 힘든 '노란색'이라는 특수성이 더해졌다는 의미로 미라클이라고 이름 붙였다.

그리고 마라스키노 1티스푼으로 향과 맛에 강한 인상을 주었다. 고전적인 칵테일 중 마라스키노나 샤르트뢰즈 등을 악센트로 사용하는 것들이 있어 거기에서 착안한 것이다.

어디까지나 진의 향을 죽이지 않게끔 뒷맛에 남을 정도의 마라스키노를 더하는 것이 포인트가 되겠다. 개성적인 맛이기 때문에 처음 드시는 분에게는 약간 적게, 자주 드시는 분에게는 조금 더 넣는 등 손님에 따라 마라스키노의 분량을 조금씩 조절하면 좋겠다. 그러면 「김렛」에 기적이 일어난다. 1티스푼의 마법이다.

드라이 진(고든) 4/6 · 미라벨(올데슬로에) 1/6 · 프레시 라임주스 1/6 · 마라스키노(룩사르도) 1티스푼

사용 글라스 칵테일글라스

셰이커에 드라이 진, 미라벨(노란 자두 리큐어), 프레시 라임주스, 마라스키노를 넣고 셰이크한다. 칵테일글라스에 따른다.

*1987년, 바 로오제에서 남성 손님에게 선물한 오리지널 칵테일.

Maria Elena 마리아 엘레나

「마리아 엘레나」는 칵테일에 정통한 손님의 오더로 만든 작품이다. 앞서 소개한 「미라클」도 이 손님과의 대화에서 만들어 진 칵테일이다.

이런 식으로 칵테일에 대한 대화가 가능한 손님과의 만남은 매우 소중하다. 이런 손님을 몇 명이나 알고 있는가도 바텐더의 큰 재산이다. 혼자서는 상상도 못할 칵테일이 손님과의 대화로부터 만들어 지기 때문이다.

마리아 엘레나는 스페인계 여성의 이름으로 재즈 스탠더드 넘버이며, 이 손님이 쿠바에서 만난 사람의 이름이기도 하다.

카리브해가 무대이므로 손님 취향의 럼을 베이스로 했다. 굉장히 알코올에 강한 분이어서 럼이 확실히 나타나도록 하고, 강한 알코올의 여운에 안타까움을 표현하기 위해 단맛을 남기고 싶었다. 쿠바에서 만났던 여성의 이미지를 위해 부드러운 로제 베르무트를 사용하고, 베르무트의 향을 소중히 하기 위해 산미는 적게 하고 감미로 쿠앵트로를 첨가했다.

완성품을 보고 굉장히 마음에 들어 하시고는 마리아 엘레나 전용으로 쓸만한 글라스를 직접 가져 오셨다. 프라이빗 칵테일이기도 하고 실제로 이미지에 맞는 글라스였기에 이례적으로 가게에서 맡아 두기로 했다. 안타깝게도 젊은 나이에 세상을 떠나셨지만 이 글라스와 함께 개인적으로도 추억이 깊은 작품이다.

화이트 럼(레몬 하트) 5/6·로제 베르무트(마티니) 1/6·쿠앵트로 1티스푼·프레시 라임 주스 2티스푼

사용 글라스 칵테일글라스

셰이커에 화이트 럼, 로제 베르무트, 쿠앵트로(화이트 큐라소), 프레시 라임주스를 넣고 셰이크한다. 칵테일글라스에 따른다.

*1988년 '쿠바에서 우연히 만난 여성과의 추억을 떠올릴 수 있는 칵테일'이라는 주문을 받아서 만든 프라이빗 칵테일.

Lahaina 45 라하이나 45

이 작품은 '술공방 라하이나' 10주년과 오너인 쿠리타 카즈노리 씨의 45살 생일을 축하하기 위해 만든 기념 칵테일이다. 「라하이나 45」라는 네이밍은 가게 이름과 오너의 나이를 나타낸다. '라하이나'는 하와이의 지명이며 고래를 구경할 수 있는 장소로 유명한 곳이기도 하다.

이 칵테일의 전신은 「M-30 레인」으로 카즈노리 씨가 좋아하는 칵테일 중 하나이다. M-30 레인의 베이스인 보드카를 라하이나의 풍토에 맞는 바다의 이미지를 가진 럼으로 바꾸고 화이트 스피릿과 상성이 좋은 그레이프프루트 리큐어인 팜펠무제와 프레시 라임주스를 사용했다.

통상 4 대 1 대 1의 기본형으로 만드는 오리지널 칵테일에서 단맛과 발색을 위해 리큐어를 1티스푼 더하곤 하는데, 여기에서 악센트로 사용한 월귤나무 열매의 리큐어인 포루카는 칵테일에 부드러운 향을 입혀주는 리큐어이다.

라하이나 45의 베이스를 보드카로 바꾼 칵테일 즉, M-30 레인의 블루 큐라소를 포루카로 바꾼 칵테일이 나중에 소개할 「T-1」이다. 이처럼 4 대 1 대 1이라는 숏 칵테일에 관한 나의 기본형은 여러 가지 표정을 가진 칵테일을 탄생시키게 되었다.

화이트 럼(바카디) 4/6 · 팜펠무제(슈펙트) 1/6 · 프레시 라임주스 1/6 · 포루카(라포니아) 1티스푼

사용 글라스 칵테일글라스

셰이커에 화이트 럼, 팜펠무제(그레이프프루트 리큐어), 프레시 라임주스, 포루카(월귤나무 열매의 리큐어)를 넣고 셰이크 한다. 칵테일글라스에 따른다.

*1996년 10월, 미토시에 있는 '술공방 라하이나'의 10주년과 오너의 생일을 축하하기 위해 만든 기념 칵테일.

Moon River 문 리버

영화 〈티파니에서 아침을〉에 관련된 칵테일을 마시고 싶다는 남성 손님의 주문을 받고 즉흥적으로 만든 칵테일 「문 리버」. 영화 주제가의 타이틀에서 이름을 가져왔다.

①〈티파니에서 아침을〉 → ②문 리버, ①티파니 → ②뉴욕 → ③버번이라고 하는 두 가지의 순간적인 연상으로 칵테일의 대략적인 틀이 만들어 졌다.

버번 위스키는 셰이크 하더라도 스카치 위스키처럼 특유의 떫은 맛이 나오거나 하지는 않아서 위스키 베이스의 칵테일에 적합하다. 남성 손님에게 만들어 드릴 칵테일이기에 개성적인 맛을 가지고 셰이킹에 지지 않을 만큼 허리 힘이 강한 올드 그랑 대드를 선택했다. 그리고 쿠앵트로로 감미를 주고, 부드러운 산미의 그레이프루트주스를 사용했다.

흔들리는 수면에 월광이 비치는 모습을 문 리버라고 한다. 글라스의 표면에 떠오르는 얼음 알갱이에 부드러운 조명이 반짝여 문 리버를 그대로 글라스에 떠다 넣은 듯한 칵테일로 완성되었다.

남성적인 맛의 칵테일이지만 로맨틱한 뉘앙스의 작품이므로 둥근 글라스로 서브하길 바란다.

버번 위스키(올드 그랑 대드) 4/6·쿠앵트로 1/6·프레시 그레이프프루트주스 1/6
사용 글라스 칵테일글라스

셰이커에 버번 위스키, 쿠앵트로(화이트 큐라소), 프레시 그레이프프루트주스를 넣고 셰이크 한다. 칵테일글라스에 따른다.

*1985년 가을 제작. 남성 손님에게 선물한 칵테일.

Southern Whisper 서던 위스퍼

매우 여름스러운 프로즌 스타일의 칵테일. 달고 알코올 도수도 낮아 셔벗 느낌으로 즐길 수 있다. 프로즌 스타일 중 바나나나 멜론은 이미 인기가 있었으나 처음으로 복숭아라는 소재를 사용하여 촉촉한 계절감을 표현했다.

벨벳처럼 촘촘하고 부드러운 식감이 나의 프로즌 스타일의 특징이다. 이런 식감으로 완성하기 위해서는 레몬, 오렌지, 수박과 같은 과즙과 과육이 분리되기 쉬운 과일이 아닌, 끈적함이 있고 과육을 그대로 쓸 수 있는 쪽이 좋다.

프로즌 스타일의 맛 포인트는 얼음과 술의 밸런스이다. 이것이 뒤죽박죽되면 본래의 맛은 살아나지 않는다. 얼음의 양은 처음에는 8온스 텀블러에 70퍼센트 정도를 기준으로 블렌더에 돌려서 모자라면 더하는 쪽으로 만들어야 좋다. 완성 시점은 블렌더의 소리로 판단한다. 기종에 따라 소리가 다르지만 소리가 부드러워지면 적당한 타이밍이다. 촘촘하게 섞이게 되면 얼음과 액체가 잘 결합되어 마지막까지 물맛이 나지 않고 일정한 맛을 즐길 수 있다.

빨대만이 아니라 스푼을 넣어서 셔벗 느낌으로 즐길 수 있게 서브한다. 행사 시에는 선데 글라스에 복숭아 생과 슬라이스를 장식했다. 1984년 여름 페어를 위해 만든 「썸머 위스퍼」를 어레인지 해서 「서던 위스퍼」라고 이름 지었다.

보드카(스미노프) 20ml · 백도 통조림 1/2컷 · 복숭아 리큐어(올데슬로에) 20ml · 백도 시럽 10ml · 그레나딘 시럽(메이지야) 10ml · 크러쉬드 아이스 적량

사용 글라스 선데 글라스

블렌더에 보드카, 백도 통조림 과육, 복숭아 리큐어, 백도 시럽, 그레나딘 시럽, 크러쉬드 아이스를 넣어 셔벗 상태가 될 때까지 돌려준다. 선데 글라스에 따르고 빨대와 스푼을 넣는다.
또한 백도 통조림 과육, 복숭아 리큐어, 복숭아 시럽, 그레나딘 시럽을 블렌더에 갈아 넥타로 상시 준비해 두면 편리하다. 냉장고에서 3~4일간 보존 가능하다.

*1991년 여름, 바 로오제의 페어를 위해 제작했다.

M-45 Subaru
M-45 스바루(M-45 昴)

1985년, 바 로오제의 가을 칵테일 페어 테마는 우주였다. 이때 탄생한 「M-45 스바루」는 코스믹 코랄, 히데리보시 등과 같이 밤하늘을 수놓는 별들을 이미지하여 만든 작품군의 하나이다. 베이스의 술, 감미, 산미의 3요소를 가진 재료를 사용하는 M-45 스바루는 이후 탄생한 나의 오리지널 칵테일의 원형이라고 해도 과언이 아니다. 여기서부터 「M-30 레인」, 「라하이나 45」, 「T-1」 등의 숏 칵테일이 생겨났다.

페어 행사에서는 통상 알코올 도수 강, 중, 약의 3패턴으로 칵테일을 준비해둔다. 이 작품은 그중에서 알코올이 강한 남성적인 칵테일로 준비해둔 것이다.

감미로 사용한 라포니아 포루카는 당시 일본에 소개된 지 얼마 되지 않은 새로운 리큐어였으므로 꼭 페어에 사용해보고 싶었다. 고급스러운 산미를 느낄 수 있는 핀란드산 포루카에 맞춰 베이스는 보드카를 선택하여 리큐어의 특징을 잘 살리는 데 성공했다. 산미는 맛에 두께가 있고 온화하고 풍부한 향을 가진 프레시 라임주스를 사용했다. 프레시 라임주스를 사용하는 것도 나의 오리지널 칵테일의 큰 특징이라 할 수 있다.

가장 힘들었던 것은 네이밍이다. 스바루는 메시에라는 프랑스인이 만든 별 카달로그에 45번째로 나오는 6개의 별로 이루어진 성군을 의미한다. 시세이도 여종업원의 제안으로 이름 지어졌다. 가수 타니무라 신지 씨가 만든 '스바루'가 히트하면서 유명해진 이름이기도 하다.

보드카(스미노프) 4/6 · 포루카(라포니아) 1/6 · 프레시 라임주스 1/6

사용 글라스 칵테일글라스

셰이커에 보드카, 포루카(월귤 리큐어), 프레시 라임주스를 넣어 셰이크 한다. 칵테일글라스에 따른다.

*1985년, 바 로오제의 가을 페어를 위해 제작했다.

Frais Riechesse
프레이즈 리셰스

「프레이즈 리셰스」는 프랑스어로 '호화로운 딸기'라는 의미를 가지고 있다. 당시는 뜬금없이 샴페인이 각광을 받고 있던 시절이어서 드라이한 샴페인과 샴페인에 어울리는 봄의 제철 과일인 딸기를 사용하여 이름처럼 매우 사치스러운 칵테일이 되었다.

이 칵테일의 특징이기도 한 샴페인의 섬세한 향과 맛, 자연스러운 딸기색과 향을 최대한 살리고 싶다면 그레나딘 시럽의 양에 충분히 주의해야 한다. 어디까지나 크렘 드 프레이즈의 단맛을 보충하며 딸기 과즙의 색을 표현하기 위한 것이므로 아슬아슬한 선을 노리고 더한다. 블렌더에 돌릴 때는 생딸기의 식감을 느낄 수 있을 정도로 과육을 남기면 좋다.

사용하는 샴페인, 딸기는 특정 브랜드를 고집할 필요는 없다고 생각한다. 그 자체의 맛을 따지기보다는 칵테일 본래의 존재 의미가 중요하다. 따라서 브뤼(드라이) 타입의 샴페인이라면 브랜드는 한정하지 않는다. 또한 딸기도 갓 나온 싱싱한 것이라면 특별히 품종과 크기는 따지지 않는다. 다만 브뤼 타입과 섞기 때문에 산미가 강한 것보다는 단맛이 있는 타입의 딸기가 좋다.

페어 중에는 플룻 형태의 샴페인 글라스로 제공했으나 큰 와인글라스나 작은 고블렛 등을 사용해도 좋다.

크렘 드 프레이즈(파제) 20ml · 딸기 3개 · 그레나딘 시럽(메이지야) 2티스푼 · 브뤼 샴페인 적량

사용 글라스 와인글라스

크렘 드 프레이즈(스트로베리 리큐어), 그레나딘 시럽을 블렌더로 갈아서 와인글라스, 또는 플룻형 샴페인 글라스에 넣는다. 차가운 샴페인을 더한다. 페어 행사 때는 미리 딸기와 그레나딘 시럽을 블렌더에 갈아서 넥타 형태로 준비해 둔다. 딸기의 식감이 남을 정도로만 갈아 둔다. 향과 색이 변하므로 그날 중으로 사용한다.

*1984년 봄, 바 로오제의 칵테일 페어를 위해 제작했다.

Brume D'or 브룸 도허

생일을 맞은 남성 손님을 위해 만든 「브룸 도허」. 축하를 위한 칵테일이므로 샴페인을 사용하여 금박을 띄워 화려한 분위기를 조성하기로 했다.

우선 샴페인의 기포로 금박을 아름답게 보이게 하는 것이 이 칵테일의 핵심이다. 이를 위해서는 금박이 눈에 띄는 배경색을 가진 칵테일을 만드는 게 중요하다. 그래서 블루 큐라소와 그레이프프루트주스와 샴페인으로 파랑과 녹색의 중간색을 만들기로 했다.

'브룸'은 안개나 거품, 가스를 가리키는 말이고, '도허'는 황금을 뜻한다. 하드 셰이크에 의해 잘게 부서진 금박이 이후 샴페인을 따를 때 솟아 오르는 기포에 의해 떠올라 플룻 글라스의 표면에 왕관이 씌워진 것처럼 보이게 된다. 샴페인의 기포가 힘차게 올라오면 글라스의 수면 위로 둥실둥실 부풀어 오르기 때문에 샴페인은 오픈한지 얼마 지나지 않은 것을 사용하길 바란다.

맛의 토대는 1988년 제작한 「엔젤」(쿠앵트로 10ml, 프레시 그레이프프루트주스 30ml, 그레나딘 시럽 1티스푼, 샴페인 적량)이다. 샴페인과 그레이프프루트주스의 조합으로 만든 식전주이며, 브룸 도허에서는 그레나딘을 블루 큐라소로 바꿨다. 알코올을 줄여 누구나 좋아할 만한 무난한 맛으로 완성시켜서 지금도 생일 칵테일로 많은 손님에게 사랑받고 있다.

쿠앵트로 10ml·프레시 그레이프프루트주스 30ml·블루 큐라소(볼스) 1 티스푼·금박(식용) 적량·브뤼 샴페인 적량

사용 글라스 플루트형 샴페인 글라스

셰이커에 쿠앵트로(화이트 큐라소), 프레시 그레이프프루트주스, 블루 큐라소, 금박을 넣어서 셰이크 한다. 플루트형 샴페인 글라스에 따른 뒤 샴페인을 넣는다.

*1989년, 손님의 생일에 선물한 칵테일.

Tender Series
텐더 시리즈

지금까지는 콘테스트와 페어 행사용, 손님에게 선물한 칵테일을 중심으로 설명해 왔는데, 이제부터는 나의 가게, 텐더를 위해 만든 12개의 텐더 시리즈 칵테일을 소개하겠다. 텐더의 앞글자 T를 따서 1998년 개점 1주년 기념으로 「T-1」, 2주년에 「T-2」, 이런 식으로 해마다 1개씩 늘려간 기념 칵테일이다.

시리즈의 3번째 작품에 럼을 베이스로 고른 시점에서 처음부터 생각해 오던 시리즈화의 일정 법칙이 그려지게 되었다. 나의 숏 칵테일의 기본형인 4 대 1 대 1을 토대로 ①색과 풍미를 더하기 쉬운 범용성 넓은 화이트 스피릿을 베이스로 하여 ②부드러운 산미의 프레시 라임주스는 고정해 두고 ③나의 특기인 색의 미묘한 뉘앙스를 담는 것을 텐더 시리즈의 특징으로 삼았다.

베이스는 보드카, 진, 럼의 3종에 색은 빨강, 노랑, 파랑, 초록의 4가지 색으로 짜서 총 12가지 칵테일을 한 작품으로 하는 매트릭스적인 작품군을 만들기로 결정했다. 테킬라는 개성이 강하여 일부러 사용하지 않았다.

시리즈 중에는 특징적인 레시피가 몇 가지 있다. 「T-3」, 「T-7」은 각각 감미로 사용된 헤이즐넛과 패 프루트 리큐어로 맛과 향에 킥백이 있는 작품이 되었다. 입에 머금었을 때와 삼키고 난 뒤의 맛에 차이가 있다. 또한 색의 표현 방법에서 「T-6」의 노란색은 「카로스 큐마」와 같이 아프리콧 리큐어와 미도리로 만드는 방법을 취한다.

2009년 개점 12주년을 맞이해 「T-12」까지 만들어지면서 모든 텐더 시리즈가 완성되었다.

T-1 tender one

보드카(스미노프) 4/6·팜펠무제(슈페트) 1/6·프레시 라임주스 1/6·포루카(라포니아) 1티스푼

사용 글라스 칵테일글라스

셰이커에 보드카, 팜펠무제(그레이프프루트 리큐어), 프레시 라임주스, 포루카(월귤 리큐어)를 넣고 셰이크 한다. 칵테일글라스에 따른다.

T-2 tender two

드라이 진(고든) 4/6·쿠앵트로 1/6·프레시 라임주스 1/6·미라벨(마우린) 1티스푼

사용 글라스 칵테일글라스

셰이커에 드라이 진, 쿠앵트로(화이트 큐라소), 프레시 라임주스, 미라벨(노란 자두 리큐어)를 넣고 셰이크 한다. 칵테일글라스에 따른다.

T-3 tender three

화이트 럼(레몬 하트) 4/6·프란젤리코(발베로) 1/6·프레시 라임주스 1/6·블루 큐라소(볼스) 1티스푼

사용 글라스 칵테일글라스

셰이커에 화이트 럼, 프란젤리코(헤이즐넛 리큐어), 프레시 라임주스, 블루 큐라소를 넣고 셰이크 한다. 칵테일글라스에 따른다.

T-4 tender four

보드카(스미노프) 4/6·미라벨(마우린) 1/6·프레시 라임주스 1/6·블루 큐라소(볼스) 1티스푼

사용 글라스 칵테일글라스

셰이커에 보드카, 미라벨(노란 자두 리큐어), 프레시 라임주스, 블루 큐라소를 넣고 셰이크 한다. 칵테일글라스에 따른다.

T-5 tender five

드라이 진(고든) 4/6 · 그랑마니에르 1/6 · 프레시 라임주스 1/6 · 마티니 비터(마티니) 1 티스푼

사용 글라스 칵테일글라스

셰이커에 드라이 진, 그랑마니에르(오렌지 큐라소), 프레시 라임주스, 마티니 비터를 넣고 셰이크 한다. 칵테일글라스에 따른다.

T-6 tender six

화이트 럼(레몬 하트) 4/6 · 크렘다브리코(르제) 1/6 · 프레시 라임주스 1/6 · 멜론 리큐어(미도리) 1 티스푼

사용 글라스 칵테일글라스

셰이커에 화이트 럼, 크렘다브리코(아프리콧 리큐어), 프레시 라임주스, 멜론 리큐어를 넣고 셰이크 한다. 칵테일글라스에 따른다.

T-7 tender seven

보드카(스미노프) 4/6·블루 큐라소(볼스) 1/6·프레시 라임주스 1/6·패션프루트 리큐어(큐제니아) 1티스푼

사용 글라스 칵테일글라스

셰이커에 보드카, 블루 큐라소, 프레시 라임주스, 패션프루트 리큐어를 넣고 셰이크 한다. 칵테일글라스에 따른다.

T-8 tender eight

드라이 진(고든) 4/6·쿠앵트로 1/6·프레시 라임주스 1/6·그린티 리큐어(헤르메스) 1티스푼

사용 글라스 칵테일글라스

셰이커에 드라이 진, 쿠앵트로(화이트 큐라소), 프레시 라임주스, 그린티 리큐어를 넣고 셰이크 한다. 칵테일글라스에 따른다.

T-9 tender nine

화이트 럼(레몬 하트) 4/6·팜펠무제(슈펙트) 1/6·프레시 라임주스 1/6·크랜베리 리큐어(큐제니아) 1티스푼

사용 글라스 칵테일글라스

셰이커에 화이트 럼, 팜펠무제(그레이프프루트 리큐어), 프레시 라임주스, 크랜베리 리큐어를 넣고 셰이크 한다. 칵테일글라스에 따른다.

T-10 tender ten

보드카(스미노프) 4/6·그랑마니에르 1/6·프레시 라임주스 1/6·미라벨(마우린) 1티스푼

사용 글라스 칵테일글라스

셰이커에 보드카, 그랑마니에르(오렌지 큐라소), 프레시 라임주스, 미라벨(노란 자두 리큐어)를 넣고 셰이크 한다. 칵테일글라스에 따른다.

T-11 tender eleven

드라이 진(고든) 4/6·그린 애플(르제) 1/6·프레시 라임주스 1/6·블루 큐라소(볼스) 1티스푼

사용 글라스 칵테일글라스

셰이커에 드라이 진, 그린 애플(청사과 리큐어), 프레시 라임주스, 블루 큐라소를 넣고 셰이크 한다. 칵테일글라스에 따른다.

T-12 tender twelve

화이트 럼(레몬 하트) 4/6·그랑마니에르 1/6·프레시 라임주스 1/6·블루 큐라소(볼스) 1티스푼

사용 글라스 칵테일글라스

셰이커에 화이트 럼, 그랑마니에르(오렌지 큐라소), 프레시 라임주스, 블루 큐라소를 넣고 셰이크 한다. 칵테일글라스에 따른다.

HARD SHAKE BAR

GINZA

TENDER

est,1997

칵테일 테크닉

제1판 제1쇄 발행 2024년 01월 25일
제1판 제2쇄 발행 2024년 05월 10일

지은이 우에다 카즈오
옮긴이 양광진
펴낸이 임용훈

편집 전민호
용지 (주)정림지류
인쇄 올인피앤비

펴낸곳 예문당
출판등록 1978년 1월 3일 제305-1978-000001호
주소 서울시 영등포구 문래동 6가 19 문래SK V1 CENTER 603호
전화 02-2243-4333~4 | **팩스** 02-2243-4335
이메일 master@yemundang.com | **블로그** www.yemundang.com
페이스북 www.facebook.com/yemundang | **트위터** @yemundang

ISBN 978-89-7001-638-2   13590

* 원서 스태프
촬영 Koshida Norimasa, Ohyama Yuhei (표지 커버 및 193~198p)
디자인 Ishiyama Tomohiro
편집 Sato Junko

· 본사는 출판물 윤리강령을 준수합니다.
· 이 책은 저작권법에 의하여 보호를 받는 저작물이므로 무단전재와 무단복제를 금합니다.
· 파본은 구입하신 서점에서 교환해 드립니다.